LA PRATIQUE DU JOURNAL

Remi HESS

LA PRATIQUE DU JOURNAL

L'enquête au quotidien

Anthropos

Diffusion : Economica, 49, rue Héricart - 75015 Paris

Pour Benoît Hess, Marc Coubez, mes filleuls,

Francis Baudet, Bernard Charlot et Mehdi Farzad

INTRODUCTION

"Il n'y a presque rien d'aussi nécessaire pour le progrès des connaissances, pour la commodité de la vie et l'expédition des affaires, que de pouvoir disposer de ses propres idées ; et il n'y a peut-être rien de plus difficile dans toute la conduite de l'intelligence, que de pouvoir s'en rendre tout-à-fait le maître."

John Locke, *Traité sur l'Entendement humain*, vol. 3, Londres, 1714, p. 425

"Une idée qui me frappa est celle-ci : *Chaque jour nous laissons une partie de nous-mêmes en chemin*... Cette pensée est d'une mélancolie sans égale. Elle rappelle le mot du prince de Ligne : « Si l'on se souvenait de tout ce que l'on a observé ou appris dans sa vie, on serait bien savant. » - Cette pensée suffirait à faire tenir un journal assidu."

Henri-Frédéric Amiel, *Journal intime*, 8 octobre 1840

TENIR UN JOURNAL est une pratique ancienne, une forme de recueil de données, que celui qui s'y livre utilise pour rassembler, au jour le jour, des notes et des réflexions sur son vécu, les idées qui lui viennent, ses rencontres, ses observations... Il est un outil efficace pour celui qui veut comprendre sa pratique, la réfléchir, l'organiser. L'objectif du journal est de garder une mémoire, pour soi-même ou pour les autres, d'une pensée qui se forme au quotidien dans la succession des observations et des réflexions.

En français, le mot "journal" signifie à la fois la pratique d'écriture au jour le jour qui nous intéresse ici, et le "quotidien" national, régional ou étranger dans lequel nous lisons les nouvelles du jour, et par extension la presse non quotidienne. Pour éviter une confusion qui n'existe pas dans d'autres langues (par exemple, en allemand, on distingue *Tagebuch* et *Zeitung*), on pourrait parler du sujet qui nous intéresse en utilisant une racine un peu vieillie en français mais qui permet la distinction. On parle du "diariste" (celui qui tient son journal) ou de "diarisme" (pour parler du phénomène social que représente le fait de tenir un journal)... Ces mots viennent du vieux français "diaire" (au jour le jour), dont la racine est encore utilisé en anglais dans le mot *Diary* ou en italien *Diario* qui signifient "journal" au sens de tenir son journal.

Le lecteur acceptera, sous notre plume, l'emploi de "diariste" plutôt que "journaliste" pour parler de celui qui tient son journal. Mais il accepterait moins bien *écriture diaire* pour parler du journal lui-même... Alors, on gardera *journal* pour parler de l'objet du travail du diariste... Pour éviter la confusion, assez souvent, les auteurs français qui ont travaillé sur le *journal* se sont sentis obligés d'y adjoindre un adjectif : "journal intime" (Michelle Leleu, Alain Girard, Béatrice Didier), "journal personnel" (Philippe Lejeune), "journal institutionnel" (Remi Hess), "journal d'itinérance" (René Barbier), "journal de recherche" (René Lourau), "journal d'affiliation" (Alain Coulon)... Aujourd'hui, je choisirai plutôt "journal ethnosociologique" même si cette expression peut paraître longue, car c'est bien d'ethnosociologie qu'il est question dans le type de pratique que nous allons décrire.

Il existe de multiples formes du journal. Dans cet ouvrage, nous ne nous intéresserons que marginalement au journal intime, celui que tient l'adolescent ou l'homme de lettres[1]. Nous nous centrerons essentiellement sur le journal ethnosociologique, celui qui cherche à ordonner un contenu déterminé à l'avance, celui qui a un ou plusieurs objets de recherche. Il est certain, cependant, qu'il n'existe pas de frontière clairement marquée entre les différentes formes du journal, et c'est ce qui peut rendre cette méthode "douteuse" pour l'épistémologue, le "douanier" de la science instituée. Parfois, sans vraiment y réfléchir d'ailleurs, les "sociologues sérieux" critiquent le subjectivisme du journal comme outil de

1. Sur ce point, voir Ph. Lejeune, *La pratique du journal personnel*, 1990.

recherche... Pour notre part, nous pensons que la science se trouve dans le rapport juste que l'on construit à cette technique de recueil de données... Aussi, notre objectif sera-t-il ici de construire une forme particulière de journal, le journal ethnosociologique, qui est, dans le prolongement du journal de J. Locke, un outil d'exploration intellectuelle.

L'ethnosociologie, comme son nom le laisse deviner, est une discipline qui prend à l'ethnologie une perspective, une forme de regard et à la sociologie un objet.

L'ethnosociologue peut être :

- ou un professionnel de la recherche (ethnologue, sociologue qualitatif, spécialiste de sciences de l'éducation, ethnographe) ;
- ou un travailleur social, un éducateur, un enseignant, un agent de développement social, un militant qui définit son métier comme occasion d'accès à un terrain qu'il va chercher à décrire, à analyser, dans une perspective ethnosociologique, pour tenter de le comprendre et de le transformer ;
- ou un étudiant qui va considérer que la recherche de terrain, l'observation participante, l'ethnographie est un excellent moyen de se former, de connaître une réalité.

En matière d'ethnosociologie, et tout particulièrement en matière de journaux, il n'existe pas de coupure franche entre le chercheur professionnel et le "profane" (H. Garfinkel), comme nous serons amenés à le mettre au jour ultérieurement.

Le regard de l'ethnosociologue est qualitatif, transversal et multiréférentiel. Cet analyste du quotidien cherche à observer une réalité sociale réduite, de petite taille, mais dans toutes ses dimensions. Il veut comprendre les choses de l'intérieur. L'ethnosociologue se donne comme objet un groupe, une organisation, une institution ou une tribu dans une perspective d'observation participante. Parmi les outils dont dispose l'ethnosociologue, le journal est l'un des tous premiers. Tenir son journal consiste à rassembler, au jour le jour, dans un cahier (ou de nos jours sur son traitement de textes) ses observations, descriptions de situations vécues, rencontres, lectures, réflexions, analyses, impressions...

Lorsqu'un journal est découvert ou lu, avec le recul du temps, il devient une banque de données intéressante pour l'historien. De ce point de vue, dans la mesure où il prend souvent pour objet un vécu qui ne passe pas dans d'autres sources écrites, elles-mêmes plus élaborées ou plus médiatisées, donc plus construites, le journal est d'un intérêt immense pour l'anthropologie historique. Pour nous, les fondements de la pratique du journal remontent aux origines de l'écriture. Il existe de très nombreuses formes de journaux. Certaines sont davantage comptables (elles consignent au jour le jour des activités d'échange) ou psychosociologique (rapportant le vécu et le conçu d'un groupe).

Parmi les grandes formes de journaux, on peut signaler, dans les temps modernes, le journal de bord que l'on tient sur les navires qui partent à la découverte du nouveau monde[1]... Il est intéressant car il raconte le vécu d'un groupe. Il est destiné à être lu par d'autres. Il prend souvent la forme du "journal total" (P. Berthier). Par sa dimension sociale, le journal de bord, comme le journal ethnosociologique, s'oppose au journal intime qui prend comme objet le vécu personnel d'une personne. Cette dernière pratique, importante depuis le XIXe siècle, ne vise pas, en principe, à être rendue publique... Le journal de lecture rassemble les réactions d'un lecteur à la lecture de livres écrits par d'autres... Citons encore le journal de l'ethnographe, celui de l'ethnologue, le journal institutionnel qui se donne pour objet une institution. Plus que l'éphéméride, forme de journal utilisée dans un hôpital pour consigner tous les soins donnés aux malades dans un service, le journal institutionnel veut prendre en compte les dimensions individuelles, interindividuelles, groupales, organisationnelles, institutionnelles de la vie d'un établissement, etc. Il existe encore le journal de recherche dans lequel le chercheur pointe, à propos d'un "objet" qu'il s'est préalablement donné, à partir d'un terrain spécifique, au fur et à mesure de leur apparition ses hypothèses, ses trouvailles. Souvent, ces formes de journaux visent à rassembler des informations que l'auteur ou ses commanditaires imaginent voir exploiter ou traiter d'une manière ou d'une autre dans un temps ultérieur (J. Locke). On pourrait faire un livre spécifique sur le journal de

1. Patrick Berthier, "Les origines navales du journal de bord", *Pratiques de formation* n°10, Université de Paris 8, déc. 1985. Ce texte analyse tout particulièrement *Journal d'un voyage aux Indes*, de Robert Challe (Mercure de France). L'expédition rapportée date de 1690.

formation. L'espagnol Miguel Zabalza y a consacré de nombreux travaux... Dans cet ouvrage, nous allons présenter la technique du journal en montrant son intérêt pour la construction d'une ethno-sociologie.

Dans un premier temps, nous présenterons les origines du journal et les efforts qui ont été faits, au début du XIXe siècle, pour en penser le sens, en organiser l'écriture et l'exploitation. A partir d'un exemple concret, nous montrerons sa richesse comme témoignage.

Nous réfléchirons ensuite aux différentes formes qu'on peut donner à son journal. Nous reprendrons les questions pratiques que pose la tenue du journal pour montrer comment elles peuvent être résolues aujourd'hui dans le nouveau contexte technique qui est le nôtre. Enfin, en nous appuyant sur des exemples concrets de journaux, nous tenterons de réfléchir à l'exploitation que l'on peut faire d'un journal.

PREMIÈRE PARTIE

Histoire et projets du journal

Chapitre 1

TENIR UN JOURNAL ? LA QUESTION DES ORIGINES

L'ORIGINE DU JOURNAL ETHNOSOCIOLOGIQUE se trouve dans les livres de raison. Ces livres étaient tenus dans les familles depuis une période très reculée. Ils avaient pour mission de transmettre de génération en génération une culture de la famille, une histoire des grands événements familiaux... Ils sont une source de descriptions tout à fait exceptionnelles concernant la manière dont les humains vivaient à une époque donnée, permettant de reconstruire la vie de famille, la transmission de la propriété, la vie communale, etc.

Au XIXe siècle, cette culture d'écriture familiale a beaucoup intéressé Charles de Ribbe, un historien provençal, ami de Frédéric Le Play[1] qui a notamment publié à partir de la lecture de livres de raison :

- *La vie domestique, ses modèles et ses règles, d'après des documents originaux*, 2 vol. in-18, 3e éd., Paris Baltenweck, 1976 ;
- *Une famille au XVIe siècle*, 1 vol. in-18, 3e éd. Tours, Mame, 1879 ;

1. A la mort de ce dernier en 1882, Ch. de Ribbe publie chez Mame un *Le Play à travers sa correspondance.*

- *Les familles et la société en France avant la Révolution*, 2 vol. in-18, 4e éd. Tours, Mame, 1879 ;
- *Le livre de famille*, 1 vol. in-18 Tours, Mame, 1879 ;
- *Une grande dame dans son ménage au temps de Louis XIV, d'après le journal de la comtesse de Rochefort*, 1 vol. in-18, 2e éd. Paris, Palmé, 1890 ;
- *La société provençale à la fin du moyen âge, d'après des documents inédits*, Paris, 1898, rééd. Marseille, Laffitte, 1975.

Dans ce dernier livre, nous trouvons explicités les objectifs de l'écriture diaire qui se dégage de ces journaux nous venant du moyen âge. Essayons de comprendre leur logique d'écriture et mettons à jour la rigueur intellectuelle dont ils témoignent. On pourra chercher à s'inspirer de ce modèle lorsqu'il s'agira, à notre tour, d'écrire notre journal.

Ch. de Ribbe note que, souvent, ce sont des familles paysannes qui tiennent de tels journaux. Cette écriture tranche avec les écrits des chroniqueurs des princes qui écrivent les faits de guerre, par exemple. Par rapport aux historiographes...

> "combien d'autres qui, dans leur simplicité et obscurité, ne sont pas moins importants, et peut-être encore seraient plus intéressants à entendre! Ceux-là, il faut aller les chercher dans les profondeurs du pays, sur le théâtre même, si petit qu'il soit, où, obéissant au mouvement général, ils remplissent leur rôle. A eux de nous traduire en faits ce qui est le grand charme de l'histoire comme expression de la vie sociale, de nous montrer en action comment, à peine sortie des désastres de la guerre de Cent Ans, d'un long siècle de souffrances et de misère, la France se releva si vite, et grâce à quelle étroite union entre les classes y devinrent si fécondes les énergies d'un travail réparateur..."

Ch. de Ribbe explique qu'il n'existe que deux sources principales dans cette période : les textes laissés par les notaires et surtout les *livres de raison*. Pour sa part, il appuie son étude de la société provençale sur un livre de raison tenu de 1477 à 1521 par Jaume Dydier, un Provençal d'Ollioules, près de Toulon.

Ce livre raconte l'histoire d'une famille en remontant vers le milieu du XIIe siècle. La question, qui se pose à Ch. de Ribbe :

comment un tel document (et les riches archives qui l'accompagnent), ont-ils pu traverser la Révolution sans périr ? Un descendant de Jaume Dydier, Louis-Joseph-François Deydier de Pierrefeu a caché ces documents dans un des gros murs de sa maison des champs, à Pierrefeu... Quelques temps après (le 20 décembre 1793), sans jugement, il fut fusillé sur le Champ de Mars, avec 300 Toulonnais par les Révolutionnaires. Sa maison fut pillée, détruite en partie... mais l'on retrouva le précieux dépôt lorsque le calme revînt. Il s'agit d'un "trésor pour l'histoire sociale du moyen âge provençal à laquelle de si rares documents apportent toute une moisson d'informations[1]." Ch. de Ribbe précise :

> "En nous servant ici du mot trésor, nous ne croyons rien dire de trop, pour un ensemble de documents où l'on peut suivre l'histoire de cette famille à travers treize générations..."

Le livre de raison est intermédiaire entre la monographie de famille et le journal. Ch. de Ribbe écrit en 1898 :

> "La Provence, qui est riche en Livres de raison pour les trois derniers siècles, n'en a gardé que très peu pour les siècles antérieurs. Des testaments de la fin du moyen âge, qui s'y réfèrent, constatent leur existence même dans les classes très modestes, mais ils ont péri ou il n'en subsiste que des débris." (p. 44)

Ch. de Ribbe cite quelques feuillets datés de 1354 à 1356 et écrits par Peyre de Serras, épicier à Avignon, subtilisés par M. Libri au milieu du XIXe siècle (coll. Libri, Florence).

Ch. de Ribbe nous décrit ensuite le livre de raison de Jaume Deydier :

> "Or, en voici un qui, parvenu jusqu'à nous dans un état remarquable de conservation, est d'une valeur hors ligne. Tous les genres d'intérêt y sont réunis, sinon quant à la forme, du moins, et c'est l'essentiel, quant au fond des choses. Là, comme dans une épreuve photographique, sont venus se fixer à la fois l'histoire d'une famille remontant au milieu du XIIIe siècle, puis le saisissant tableau d'une vie active de quarante-cinq années, par lequel nous sommes initiés à ce que

1. *La société provençale à la fin du moyen âge, d'après des documents inédits*, Paris, 1898, rééd. Marseille, Laffitte, 1975, p. IX.

peut nous offrir de plus intime et de plus précieux la Provence du XVe siècle.

Le monde provençal du moyen âge n'est généralement connu que sous l'aspect guerrier, dont nous avons donné un aperçu dans le précédent chapitre. Celui de la fin de ce moyen âge reste à découvrir, au point de vue bien autrement important de son état social et de la renaissance qui s'y produisit, renaissance très différente de celle des lettres et des arts.

Ce précieux manuscrit, d'un format petit *in-quarto*, est composé de 209 feuillets d'un fort papier, dont le premier porte le millésime de 1477, et le dernier la date de 1521. Sauf une trentaine, tous sont à peu près remplis. En tête est une généalogie s'ouvrant à l'année 1250, et qui nous conduit d'elle-même à l'état présent de la famille, aux détails des naissances, baptêmes, mariages, décès, aux principaux événements du foyer. Viennent ensuite l'état des propriétés, ce qui concerne l'œuvre rurale accomplie, des comptes de ménage, des statistiques et une chronique s'étendant à la commune elle-même. Aux derniers feuillets est un inventaire des titres et parchemins domestiques, qui, semble-t-il, avaient souffert des temps de calamité par lesquels avait passé la famille. Maintenant que de meilleurs jours se sont levés pour elle et pour le pays, elle se reprend à la vie. Jaume Deydier, l'auteur du Livre de raison, est d'autant plus entraîné à les mettre en ordre qu'il vient de succéder, comme chef de maison, à son père (...)"

"Testaments, constitutions de dot, actes d'achat ou d'échange, donations, hommages au roi pour les biens sis à Toulon, reconnaissances faites aux Vintimille et aux Simiane pour ceux d'Ollioules, etc., sont dénombrés et classés à la fin du manuscrit. Une table des matières, où chaque article est marqué avec le chiffre de la pagination en regard, achève de nous faire admirer en lui un chef-d'œuvre de méthode, de clarté et de précision."

"L'écriture est à l'avenant, d'un beau jet, d'un plein vigoureux qui prête aux caractères la netteté du trait de burin. A la voir, on croit avoir sous les yeux celui qui tenait si vaillamment la plume. Au moral comme au physique, il était des mieux trempés ; c'était un maître homme, ayant des volontés fórtes et persévérantes, marchant droit au but qu'il se proposait avec autant de sûreté que sa main allait d'un bout à l'autre de la page, sans hésitation ni rature. Le livre est écrit dans un provençal auquel sont entremêlés des mots latins, et que parsèment des locutions et terminaisons françaises. (...)"

"En même temps qu'il est un maître homme, l'auteur du Livre de raison se peint de suite à nous comme étant pacifique (...). Des terres à défricher, des champs à remettre en valeur, toute une œuvre de réforme et de transformation agricoles à accomplir par son travail et son industrie, tel est le programme que, dès le début, il s'est tracé, sans vouloir s'en laisser distraire. Rural, il l'est par vocation, et il le sera jusqu'au bout, rompant avec des précédents qui l'eussent ramené et attaché à la ville..."

"Regrettons qu'il ne nous ait pas quelque peu donné de son autobiographie. Combien ne nous eut-il pas intéressé, par quelques détails sur sa première éducation! Le seul trait mentionné à cet égard, et il avait pour lui, semble-t-il, une grande importance, puisqu'il l'a inscrit au frontispice de son Livre, est son admission à la cléricature[1]..." (p. 48)

On trouve dans cet exemple beaucoup de matières à réflexion :

- D'abord, le livre de raison a un objet précis : l'histoire de la famille que l'on écrit au jour la jour, après l'avoir contextualisée.
- Ensuite, toute personne qui commence un livre de raison envisage de le tenir sur une certaine durée. Ce livre peut commencer par une généalogie ; ensuite, il prend la forme d'une écriture chronologique. Il bénéficie d'une forme d'index qui permet de se repérer dans la matière constituée.
- A ce livre, on joint des documents annexes (archives diverses).

---

1 Au moyen âge, cléricature et science sont synonymes. On est placé chez un maître, un clerc, souvent sévère. Puis on passe un examen. Reçu, on reçoit la tonsure. Ce signe distinctif est souvent doublé de droits et privilèges. Chez les Deydier, la pratique en est héréditaire, notamment pour permettre la transmission des privilèges.

Charles de Ribbe, par exemple, aurait souhaité que l'auteur ait joint à son livre une autobiographie personnelle.

*

* *

Michel de Montaigne (1533-1592) n'a pas tenu son livre de raison, mais par contre, son père, lui, en tenait un. Montaigne évoque cette pratique de diariste de son père au moment où lui-même regrette de ne pas continuer cette coutume. Il écrit dans le chapitre XXXIV des *Essais* :

> "Mon père avait cet ordre, que je sais louer, mais nullement ensuivre : c'est qu'outre le registre des négoces du ménage où se logent les menus comptes, payements, marchés qui ne requièrent la main du notaire lequel registre un receveur a en charge, il ordonnait à celui de ses gens qui lui servait à écrire, un papier journal à insérer toutes les survenances de quelque remarque, et jour par jour, les mémoires de l'histoire de sa maison ; très plaisante à voir quand le temps commence à en effacer la souvenance, et très à propos pour nous ôter souvent de la peine : « Quand fut entamée telle besogne, quand achevée ; Quels trains y ont passé, combien arresté ; nos voyages, nos absences, mariages, morts ; la réception des heureuses ou malencontreuses nouvelles ; changement des serviteurs principaux ; telles matières. » Usage ancien, que je trouve bon à réfléchir, chacun en sa chacunière : et me trouve un sot d'y avoir failly."

Montaigne n'est pas le seul à regretter de ne pas avoir tenu ce type de journal[1]... Souvent, les chercheurs qui n'ont pas été formés à cette pratique ont regretté *a posteriori* de ne pas avoir eu cette discipline[2], car il s'agit vraiment d'une discipline... Cependant, chez Montaigne, dans les *Essais*, on pourrait montrer une forme de continuité intellectuelle entre la pratique diaristique de son père et la sienne. La forme d'écriture des *Essais*, peut-être davantage construite que celle d'un journal, n'en demeure pas moins assez libre dans ses associations...

---

1 En dehors de ses *Essais*, Montaigne nous a tout de même laissé un journal, celui de son voyage en Europe (1580-1581).

2 Par exemple, P. Bourdieu, dans *Le sens commun*.

Pourquoi tenir un journal ? On trouve dans le texte des *Essais* que nous venons de lire la première des justifications importantes de la tenue du journal : il s'agit de garder une trace de la succession des choses que l'on fait, que l'on vit, que l'on découvre... Si on ne les note pas, alors, très vite, elles échappent ; on les oublient. Or, parfois, on aurait bien besoin de se rappeler... Le père de Montaigne était à la tête d'une grande maison. Il avait des gens à gérer. Outre le fait qu'il fait tenir son journal par un tiers, on sent deux dimensions dans ce que dit Montaigne du journal de son père.

D'une part, un aspect familial... Le journal est celui de la famille. C'est ce qu'on appelle toujours à l'époque un *livre de raison*... L'objectif est de noter tous les événements importants vécus par la famille. Les premières traces d'écriture que nous ayons conservé dans ma famille (elles datent de l'époque de Louis XIV) est la liste qu'un père fait de ses enfants. Son livre de raison se réduit donc à une liste de 14 prénoms avec, en face de chaque prénom, une date de naissance et une date de décès (à cette époque la mortalité infantile était très importante). Le document ainsi transmis permet de savoir que cet homme a eu tant d'enfants. Il donne leurs noms et des renseignements extrêmement brefs mais utiles... Même si le mot "mémorial" rendrait mieux compte de cette écriture non "diaire", on peut déjà parler de journal, élémentaire, certes, mais avec un objectif clairement défini au moment de la décision de tenir cette sorte de registre. C'est une première forme de journal car l'écriture s'est faite au fur et à mesure des naissances. C'est en même temps un livre de raison car on cherche à laisser une trace pour ses descendants de ce que fut la famille avant eux...

Transmettre ces informations s'inscrit dans un projet qui prend en compte le temps, la temporalité. On écrit aujourd'hui, mais en pensant à demain... On pense que les difficultés ou les joies rencontrées par la famille aujourd'hui intéresseront ceux qui viendront après, les aidera à construire leur personnalité... Cette forme de communication différée vise à informer de faits précis que l'on oublierait si on ne les notait pas... Dans l'exemple que je viens de donner, le journal s'apparente à tous les répertoires. Albert Moyne montre même que certains répertoires font partie du "livre de raison". Il cite un historien dont il ne mentionne pas le nom :

> "On peut considérer qu'à partir de XVIIIe siècle, tout gentilhomme cévenol, qu'il possède ou non un livre de raison, a un système de notation d'adresses qui devint vite alphabétique en se complexisant[1]."

A. Moyne cite encore parmi ces répertoires le *carnet de bal* de nos "arrière-grand-mères" où le jeune fille inscrivait le nom des cavaliers qui lui avaient retenu une danse.

> "Ces objets, à la couverture en ivoire ou en cuir, étaient très raffinés, parfois dotés d'un petit crayon doré, avec feuillets de papier ou même d'ivoire sur lesquels la jeune fille inscrivait les noms. La succession des danses était indiquée avec pour chacune d'elles le nom de l'élu. Il arrivait à la cavalière de glisser entre les feuillets la carte du cavalier — nous retrouverons de nos jours cette façon, parmi d'autres, d'utiliser le carnet d'adresses... Lorsque la jeune fille se mariait, les pages noircies étaient arrachés ou effacées : la femme mariée avait trouvé sa place dans la société, inutile de conserver trace d'éventuelles idylles adolescentes... mais nos grand-mères ont souvent gardé ce témoin de leurs rêveries passées. Le carnet de bal était un signe d'entrée dans la vie sociale." (p. 21)

L'autre aspect du livre du père de Montaigne est de garder des traces sur la vie de la maison au sens de l'entreprise... Cette dimension m'apparaît très intéressante aussi à souligner. Aujourd'hui, la loi oblige à garder des traces comptables de la vie des entreprises, des institutions. Par contre, on ne garde guère de traces de la vie groupale d'une maison... Lorsque l'on regarde des catalogues antérieurs, on s'aperçoit que les éditions Anthropos ont été une grande maison... Elles ont été fondées par Serge Jonas, dans un contexte (celui des années 1960) qui était très riche. La "maison" a traversé des turbulences. Elle a produit de grands auteurs (sociologues, notamment) qui ont marqué les soubresauts de 1968... Pourtant, il ne nous reste pas de trace de cette aventure. Les reprises successives de la maison ont entraîné une destruction des archives... Lorsqu'en 1995, après une longue période de silence, je suis retourné chez "mon" premier éditeur, Jean Pavlevski, le chef d'entreprise que j'avais en face de moi, me dit qu'il était content de me rencontrer car il ne connaissait pas "ses" auteurs... La personne

1. A. Moyne, *Le carnet d'adresses*, p. 19.

qui lui avait transmis la maison ne lui avait même pas donné le fichier des auteurs... Cette absence de traces oblige à rechercher d'anciens catalogues, à faire des enquêtes longues... ne serait-ce que pour retrouver un auteur pour lui proposer la réédition d'un de ses livres ! On se décourage.

Cette maison d'édition n'est pas la seule à souffrir de l'absence de traces... Je pourrais prendre encore l'exemple d'une autre grande et célèbre maison d'édition dans laquelle il m'a été donné de travailler et qui avait, elle aussi, perdu, au fil des reprises, et donc des liquidations d'archives (on veut faire "peau neuve"), le souvenir de ses publications antérieures...

Le père de Montaigne voit l'intérêt des archives, l'intérêt de garder des traces ordonnées des grands moments de la vie de sa maison... Le journal aide à garder une mémoire vivante dans l'entreprise... J'ai souvent aidé des équipes d'établissements d'éducation ou de travail social à tenir, au jour le jour, un journal institutionnel de la vie collective pour faire pendant au travail comptable... Ce type de pratique est utile lorsque se profile un *audit* (souvent à dominante financière) qui oublie les finalités et les productions concrètes de l'établissement. L'exercice comptable entraîne un rapport au temps assez linéaire. Or, la vraie vie d'une entreprise passe par des moments de routines, mais aussi par des moments de rupture, des moments stratégiques, des moments "socianalytiques" où les fondements de l'activité sont requestionnés... Sur la longue durée, cette histoire est trop souvent oubliée. Or, c'est elle qui nous intéresse. Car l'image d'une entreprise se construit aussi à travers des relations avec l'environnement...

Tenir un journal a donc une finalité pratique : garder la mémoire de ce que l'on fait, individuellement ou collectivement... C'est un outil d'analyse interne à une maison, à un établissement (famille ou entreprise).

Nous allons maintenant réfléchir à la méthode du journal comme organisation du rapport au temps, rapport à la temporalité de la journée, mais aussi celle de l'année, celle de la vie... Écrire chaque jour entraîne en effet une organisation de vie particulière...

Chapitre 2

LE DIARISME COMME MÉTHODE DE GESTION DE SON TEMPS ET ORGANISATION DE VIE

A QUELLE ÉPOQUE l'idée de tenir un journal est-elle entrée, dans les principes éducatifs, comme outil pour bien gérer sa vie, outil permettant d'en être le sujet, tant sur le plan physique que moral ou intellectuel ?

Il est extrêmement difficile de répondre à cette question. Ce qui est certain, c'est que la méthode est totalement au point en 1808. C'est ce qui apparaît lorsque qu'on lit : *Essai sur une méthode qui a pour objet de bien régler l'emploi du tems, premier moyen d'être heureux ; A l'usage des jeunes gens de l'age de 16 à 25 ans ; extrait d'un travail général, plus étendu, sur l'Éducation*, par M.-A. J. (206 pages, à Paris, chez Firmin-Didot, 1808).

M.-A. J., l'auteur que je vais utiliser dans les pages qui suivent publie, en 1808, ce qui constitue pour moi un *ouvrage de référence* sur le sujet, une borne, une étape importante... J'ai éprouvé une joie immense à le "découvrir". J'ai trouvé que derrière ces initiales, se cachait en fait Marc-Antoine Jullien. Béatrice Didier nous dit qu'il est l'auteur du journal de voyage de Chateaubriand de Paris à

Jérusalem[1]. En recoupant les sources que j'ai pu rassembler, je doute qu'il s'agisse du même Jullien. Je ne souhaite pas, ici, reconstituer la vie de ce disciple de Robespierre qui eut des responsabilités importantes sous la Terreur avant d'échapper à la guillotine, de traverser l'empire avec des fortunes diverses... profitant d'un exil pour faire l'ethnographie de l'école de Pestalozzi, etc. Ce qui est certain, c'est que cet auteur a produit une œuvre immense touchant la politique, l'économie, et surtout l'éducation... Ses idées sur l'éducation comparée l'ont imposé comme "précurseur de l'Unesco". Membre de dizaines d'associations et de sociétés savantes, il est mort en 1848, laissant une œuvre encyclopédique mais dispersée (une partie des archives sont à Moscou).

L'ouvrage de 1808 qui nous intéresse ici sera réédité en 1810 augmenté de 150 pages. Il publiera encore un autre texte sur ce thème en 1815. Ce personnage est donc très important. Les littéraires qui ont travaillé sur le journal intime, même s'ils ont pu avoir connaissance de M.-A. Jullien et de ses travaux n'ont pas vraiment, jusqu'à maintenant, mesuré son importance théorique, bien qu'un auteur comme A. Girard ait montré l'influence qu'il eut pour certains contemporains, notamment Maine de Biran dont le journal lui doit beaucoup...

M.-A. Jullien se réclame d'une série d'auteurs, anglais et français, qui l'ont précédé et dont il dit reprendre beaucoup dans la construction de sa propre méthode. Il cite souvent des auteurs anglais comme Francis Bacon[2] (1561-1626), John Locke[3] (1632-1704) qui, nous dit-il, a pratiqué, en la perfectionnant, cette méthode durant 35 ans, ou encore Arthur Young[4] (1741-1820). La date de 1808 est donc un jalon largement postérieure aux idées énon-

1. La version signé par Chateaubriand prend la forme d'un récit qui conserve la succession des dates.

2. F. Bacon est l'auteur du *Novum organum*, dans lequel il établit une théorie de l'induction.

3. John Locke, philosophe anglais, auteur de *L'essai sur l'entendement humain* (1690). J. Locke rejetait les idées innées, pour placer la source de nos connaissances dans l'expérience, c'est-à-dire l'observation aidée de la réflexion. Il a écrit également un traité sur *L'éducation* et des *Lettres sur la tolérance*. Lorsque j'ai écrit un chapitre sur lui dans mes *Vingt-cinq livres clé de la philosophie*, Bruxelles, Marabout, 1995, j'ignorais qu'il avait basé ses recherches sur une longue pratique diaristique qui lui permettait de construire ses observations...

4. Arthur Young, agronome anglais a fait un voyage en Provence en 1789 qu'il raconte dans *Voyages en France* (1892) éd. Gullaumin, t. I, p. 315 et que cite Ch. de Ribbe dans *La société provençale*... Il s'agit d'un journal plein d'intérêt.

cées dans ce livre que nous allons citer. Ces idées ont pu être déjà systématisées dans des ouvrages de langue anglaise antérieurs, mais la systématisation de M.-A. Jullien est vraiment exceptionnelle de clarté...

Si j'insiste sur l'ancrage historique de la méthode, c'est pour souligner que bien qu'étant un fidèle adepte de cette technique, avant même d'en avoir produit la théorie, je n'en suis en rien l'inventeur. J'éprouve un certain plaisir à pouvoir inscrire ma pratique quotidienne et mon effort de théorisation dans une filiation morale et intellectuelle de longue durée... Et l'on peut dire que l'ouvrage de M.-A. Jullien est un livre vraiment intéressant pour notre sujet, et pour trois raisons :

- D'abord, il fonde l'idée de tenir un journal par rapport à un projet éducatif global. Ce livre est la partie d'un traité de sciences de l'éducation plus vaste que l'auteur prend soin de nous résumer.
- Ensuite, il montre que le journal est un outil d'observation et donc un outil exceptionnel d'appropriation de la connaissance.
- Enfin, il montre que ceux qui le tiennent vivent plus longtemps que les autres, et cette dernière raison est fort amusante, je pense... (Je ne peux m'empêcher d'éclater de rire en frappant cette phrase !). C'est d'ailleurs à partir de cette dernière idée que l'ouvrage s'organise.

L'auteur met en effet en exergue de son livre une maxime de Francis Bacon qui revient comme un *leitmotiv* dans l'ouvrage : "Le tems est le seul bien dont on doit être avare".

1) UNE ÉDUCATION DU RAPPORT AU TEMPS

Pour M.-A. Jullien, "le bonheur, ou le bien-être est le but de l'éducation et de la vie". Cependant, le plupart des hommes "ignorent en quoi consiste réellement le bonheur, quels élémens le composent, et quels sont les moyens d'y parvenir" (p. 19).

Et il poursuit :

> "La raison, l'observation, l'expérience paraissent indiquer trois élémens essentiels et nécessaires du bonheur : la santé du corps, l'élévation de l'âme, la culture de l'esprit."

Et partant que "c'est dans le bien réciproque de chacun des individus composant la société, que chacun séparément, et tous ensemble, peuvent trouver leur bien-être et les moyens d'améliorer leur sort ; ou l'intérêt particulier de chacun tend naturellement, et par la force des choses, à se confondre avec l'intérêt commun", M.-A. Jullien affirme que cette vérité s'impose à celui "qui en puise les preuves dans l'étude des circonstances qui ont précédé et accompagné la formation des sociétés, dans leurs périodes successives de perfectionnement, et dans l'état actuel de la civilisation" (p. 20).

A partir de là, le bien-être personnel de chaque individu, et la faculté de contribuer au bonheur des autres, qui en fait essentiellement partie, résultent du concours et de la parfaite harmonie des trois puissances distinctes qui constituent l'homme :

- le cœur, ou l'instinct moral, qui inspire ses actions ;
- l'esprit, ou la conception et l'intelligence, qui les combinent et les dirigent ;
- le corps, ou la force physique, qui les exécute.

Une bonne éducation est celle qui combine ces trois puissances ou facultés. *Tout se tient* (p. 21). En conséquence, "pour être heureux", il faut "tirer tout le parti convenable de ses facultés physiques, morales et intellectuelles" (p. 23). Cela doit se concrétiser dans l'organisation de la vie quotidienne. Marc-Antoine Jullien insiste, à la fin de son livre, sur le fait qu'il faut équilibrer sa journée entre les différentes activités :

> "Adoptez un juste milieu dans la distribution des heures données au repos, à l'étude et aux exercices du corps. La nature conseille et prescrit d'éviter en tout les excès. Ni trop, ni trop peu ; c'est la devise du sage." (p. 96).

Marc-Antoine Jullien insiste beaucoup sur la loi de l'équilibre :

> "Ne vous épuisez ni par de longues veilles, ni par une tension d'esprit trop assidue et trop prolongée, ni par de faux et dangereux plaisirs, ni par des fatigues disproportionnées à vos forces. Un mélange alternatif de promenades, d'exercices

> modérés et journaliers, d'études et de lectures, permet de tenir toujours en haleine et de laisser reposer tour à tour le corps et l'esprit. On tient toutes ses facultés dans un état de croissance, de développement et dans un juste équilibre." (p. 97)

Si l'on met à part la première éducation, pour Marc-Antoine Jullien, la véritable éducation commence lorsque "la raison reçoit ses premiers développemens[1], où l'âme essaye, pour ainsi dire, ses forces et ses inclinations, où l'esprit acquiert de la vigueur et de la consistance, où le jugement se mûrit, où le cœur conserve encore sa pureté primitive, où le jeune homme, enfin, peut avoir la conscience de lui-même, réfléchir avec fruit sur sa destination, et se tracer un plan de conduite, basé sur des principes dont il s'est rendu compte." Cette seconde éducation est importante car "les impressions qu'elle laisse sont plus durables, et modifient communément, pour le reste de la vie, nos opinions et nos sentimens ; cette éducation peut et doit être continuée jusqu'aux dernières limites de l'existence" (pp. 25 et 26). On voit ainsi qu'il y a chez Jullien une idée de l'éducation qui ne dissocie pas formation initiale et formation continue. L'éducation est une processus permanent.

Et Marc-Antoine Jullien poursuit :

> "Tant que la vie se prolonge, il dépend d'un homme d'exercer sur lui l'action et l'influence de sa raison, de ses observations, de son expérience ; de s'approprier l'exemple et les conseils des autres, pour se corriger, se perfectionner, s'instruire ; pour tendre au bonheur, ou pour s'en rapprocher, par le développement et l'amélioration de ses facultés physiques, morales et intellectuelles." (p. 27)

C'est dans cette perspective qu'il convient de réfléchir au prix et à l'économie du temps, "considéré comme un instrument donné à l'homme par la nature". Comment tirer du temps tout le parti possible ? En effet, on peut observer que les hommes perdent beaucoup de temps. Ils dépensent leur temps "en emplois frivoles, inutiles ou nuisibles... Ils accusent la brièveté de la vie, et travaillent eux-mêmes à en abréger la durée" (p. 28).

---

1. Je cite l'auteur en gardant son "orthographe" qui varie encore d'une page à une autre. On trouve, par exemple les deux orthographes "tems" ou "temps" ou de "ame" et "âme". Il ne m'a pas semblé utile de modifier les formulations originales, leur compréhension étant aisée.

Celui qui connaît le prix du temps doit employer tous les instants à son avantage pour se perfectionner dans ses trois dimensions. Ainsi, il "double son existence ; il obtient par cela seul une grande supériorité sur le commun des hommes ; il acquiert une richesse réelle et personnelle, indépendante de la fortune et des événements... Le bon emploi du tems est une véritable science qui a besoin d'être acquise par l'étude, comme les autres connaissances humaines" (p. 28).

2) LA MÉTHODE

Marc-Antoine Jullien propose donc une méthode pour régler son emploi du temps.

Dans son avant-propos, Marc-Antoine Jullien explique que cette méthode

> "parait devoir plaire à la fois à l'imagination et à la raison, en leur offrant des tableaux en tout genre, des galeries de portraits, des instructions et des souvenirs. Elle tend à former le cœur, le jugement, l'esprit, le style, la mémoire ; à conserver la santé ; à neutraliser ou à diriger avec fruit l'influence des passions ; à rendre enfin l'homme meilleur, plus instruit et plus heureux. Elle procure des avantages dans toutes les professions, dans toutes les classes de la société, dans toutes les positions de la vie, dans tous les âges. Elle convient à celui qui a beaucoup de relations avec ses semblables, comme à celui qui vit dans la retraite ; à l'homme privé, penseur et observateur, comme à l'homme public ; au jeune homme, ainsi qu'à l'homme mûr ; à celui qui voyage beaucoup et à celui qui est sédentaire. Elle fournit des ressources contre l'ennui, contre le malheur, contre la solitude, contre la société, contre la perversité des hommes, contre l'inertie et la paresse. Elle étend et aggrandit l'esprit, en donnant des notions générales sur les différentes sciences, et des connaissances de détail sur leurs branches respectives... Elle donne une boussole et une règle de conduite fixe et invariable, rapportés à trois points principaux. Elle rend l'homme observateur, et lui permet d'étudier à fond les autres hommes..." (p. 10).

L'auteur nous explique encore qu'il a fait pratiquer cette méthode avec succès à plusieurs jeunes gens : "Les résultats sont lents et progressifs, mais certains et immanquables." (p. 11). Il a aussi communiqué son essai,

> "tant en France qu'en Allemagne, à plusieurs personnes qui lui en ont demandé communication, afin de pratiquer la méthode qui s'y trouve développée, soit pour leur propre usage, soit pour celui de leurs enfans. L'auteur a voulu répondre à leur désir et se ménager à lui-même la facilité de vérifier, par un plus grand nombre d'applications, si tous les avantages du plan proposé en résultent généralement et nécessairement chez tous les individus qui l'auront suivi avec constance pendant plusieurs années (p. 15)".

On voit donc que cette méthode n'est pas purement théorique, mais qu'elle est le fruit d'une recherche qui s'est étendue sur une douzaine d'années durant lesquelles il a su "corriger, modifier et perfectionner son plan (p. 17)", en fonction de l'"application pratique" qui en a été faite. Pensant que l'éducation doit être mixte, c'est-à-dire un subtile mélange entre l'*éducation domestique* et l'*instruction publique*, il destine cette méthode tant aux parents qu'aux enfants ou aux gens qui ont la charge de les éduquer. Il conclut son avant-propos en précisant que "l'éducation, science première et fondamentale, (est) intimement liée avec toutes les autres, et spécialement avec la science de l'homme... aux institutions publiques et aux coutumes de la vie privée ; au bonheur particulier des familles et à la félicité des nations (p. 18)".

3) PLUSIEURS ÉTAPES CONSTITUENT CETTE MÉTHODE :

a) *Cui bono ?* Tout d'abord, apprendre à se demander avant de parler ou d'agir : "A quoi cela est-il utile ?" Car, avant d'agir, il est nécessaire de trouver un "motif déterminé". Il s'agit de trouver le fondement de l'action. On dirait aujourd'hui définir une "finalité" ou un "objectif".

b) Chaque jour, ou en fin de journée ou le matin en se réveillant, il faut évaluer en quoi la journée qui vient de s'écouler a été employée tant sur le plan du cœur, de l'esprit ou du corps.

"Cet examen fugitif et rapide occupe précisément une portion de tems perdue pour tous les hommes, et qui est ainsi retrouvée et employée de la manière la plus fructueuse. On saisit ce moment, qui semble indiqué par la nature, dont la vie sociale elle-même permet toujours la libre disposition, pour descendre dans son ame, se recueillir, se rappeler tout ce qu'on a vu, remarqué, appris, tout ce qu'on a pu faire et dire avec sagesse ou imprudence, utilement ou inutilement, au profit ou au désavantage de son corps, de son esprit et de son cœur. On se rend un compte exact et sévère de l'emploi de tous ses instans, pendant l'intervalle des vingt-quatre heures qui ont précédé. On adresse, pour ainsi dire, cette question à chaque jour qui vient de s'écouler : en quoi m'as-tu profité, pour mon perfectionnement physique, moral, intellectuel, pour mon bonheur ? Je t'ai constitué mon tributaire ; as-tu payé ta dette ? On considère le tems comme un fermier, qu'on assujétit à fournir exactement un revenu fixe par jour, ou comme un individu qu'on soumet à un droit de barrière... La vie entière devient une école pratique, où aucune leçon n'est oubliée, aucun exemple n'est perdu, où tous les instans tournent au profit de la santé, de l'instruction, du perfectionnement." (p. 31)

Pour Marc-Antoine Jullien, cette méthode suivie avec constance et persévérance ne peut, on l'a vu, que produire des effets "lents, insensibles et progressifs, mais certains et immanquables."

c) Il ne faut pas se borner à un acte de pure méditation et de réflexion,

"mais nous assujétir à en fixer le résultat par écrit dans un *mémorial*, divisé en trois colonnes, dont chacune aura quelques lignes seulement destinées pour chaque jour. On résumera sur ce mémorial le compte rendu de ses actions, de ses discours et de l'emploi de son tems ; on aura un tableau journalier analytique de sa situation et de sa conduite, une sorte de thermomètre, qui indiquera, si je puis ainsi parler, les différens degrés et les variations de température, dans la constitution physique, morale et intellectuelle" (p. 33).

L'auteur voit déjà cette méthode proposée par Condillac dans son traité d'éducation[1]. Et il poursuit :

> "La nécessité qu'on s'impose d'écrire régulièrement quelques lignes chaque jour, prend au plus un demi-quart d'heure tous les matins, après qu'on s'est levé, et peut s'accomoder à toutes les circonstances de la vie.
>
> Cette méthode, qui sera peut-être jugée assujétissante et minutieuse au premier coup d'œil, mais que l'habitude et une volonté ferme auront bientôt rendue simple et facile, se retrouve aujourd'hui dans l'état militaire, où, chaque jour, les officiers d'un corps adressent à leurs capitaines et ceux-ci au colonel du régiment... le rapport exact de tout ce qui s'est passé dans leurs compagnies respectives... Sommes-nous donc moins intéressés à nous surveiller nous-mêmes, qu'un chef ne l'est à surveiller ses soldats ? Une pareille coutume, appliquée à notre vie particulière et à l'emploi de nos instans, ne promet-elle pas les plus grands avantages pour conserver toutes nos facultés dans un état de calme, d'équilibre et d'harmonie ?" (p. 34)

Cette méthode a l'avantage de nous permettre de surveiller notre santé, de préserver notre âme dans le commerce qu'elle entretient avec les autres hommes, et de développer nos facultés intellectuelles. Le suivi régulier de notre vie en permet la progression, car si l'on s'est détourné de la "véritable route de la santé, de la sagesse et du bonheur : on s'en aperçoit assez tôt, pour y rentrer sans peine" (p. 40). Avec cette méthode, "loin qu'il y ait un moment perdu ou mal employé dans la vie, tous les instans sont utilisés et comme placés à un fort intérêt" (p. 42). C'est ainsi que ceux qui se plient à cette méthode vivent plus intensément et donc, en définitive, vivent plus longtemps.

4) EFFETS DE CETTE MÉTHODE

Douze "habitudes précieuses" résultent de cette méthode :

1. *Cours d'études* de Condillac, discours préliminaire. Étienne Bonnot de Condillac (1715-1780) est le maître de l'école sensualiste. Il est l'auteur d'un *Traité des sensations* (1754) et d'une *Logique*, inspirée de J. Locke.

"1) De ne rien faire qui nuise à son tempérament, et de s'assujétir au régime le plus propre à maintenir sa santé ;

2) De se surveiller soi-même ;

3) De détruire ou d'atténuer successivement ses défauts ;

4) D'étudier et de connaître les hommes ;

5) De choisir ses amis, et de fréquenter, de préférence et uniquement, autant que sa position le permet, ceux avec lesquels on peut se bonifier et s'instruire ;

6) De tirer parti de toutes les personnes avec lesquelles on se trouve, pour son instruction et son perfectionnement ;

7) De parler peu et toujours à propos, et de savoir se taire et garder un secret ;

8) D'observer et de réfléchir, de mûrir sa raison, et de s'approprier l'expérience et les connaissances des autres ;

9) D'exercer sa mémoire ;

10) D'analyser avec précision ;

11) D'écrire avec facilité et de former à la fois son jugement et son style ;

12) D'apprécier l'emploi du tems, et de vivre beaucoup plus que le reste des hommes, qui perdent souvent, à dessein ou par ennui, un grand nombre d'heures chaque jour, et un grand nombre d'années dans la vie." (p. 44)

En définitive, "on se fait à soi-même des règles de conduite fixes et invariables, fruit de l'expérience et de la réflexion." On dispose d'un point d'appui, c'est la question "A quoi cela est-il bon ?" que l'on se pose en toute circonstance. Or, avec un véritable levier, on peut soulever le monde : *Dic ubi consistam : coelum, teramque movebo.*

5) COMMENT AMÉLIORER ENCORE CETTE MÉTHODE ?

Ensuite, notre auteur nous propose quelques conditions accessoires qui peuvent encore améliorer la méthode. Il propose d'avoir, "outre le *mémorial journalier* dont on a parlé, trois cahiers particuliers ou un seul cahier, avec trois comptes ouverts et séparés, pour les développemens à donner à chaque branche, de mois en mois, à mesure qu'il se présente une observation utile, ou un article intéressant à écrire" (p. 47).

Lecteur d'Adam Smith (1723-1790)[1], Jullien fait remarquer que dans la vie, on utilise le temps de deux manières différentes, un peu à la manière de la fortune. Il y a une partie de notre richesse que l'on utilise à consommer pour sa survie, l'autre à gaspiller ou à investir. Le premier emploi est lié aux besoins, l'autre à d'autres emplois "suivant la volonté du propriétaire des fonds, soit à des choses d'utilité réelle, présente ou à venir, et de commodité, soit à des objets de pur agrément ou de luxe frivole, ou à des dépenses de caprice et de fantaisie, totalement inutiles" (p. 48). Et il continue :

> "La vie de chaque individu peut également être divisée en deux parties bien distinctes : l'une est donnée à la nécessité de s'assurer des moyens d'existence ; de se livrer à sa profession, de remplir les fonctions dont on est revêtu, et les autres devoirs qu'impose la société ; de satisfaire enfin aux divers besoins de la nature, qui tiennent à la conservation de l'homme. Le seconde portion est laissée à la libre disposition de chaque individu, qui peut en faire l'usage qui lui convient le mieux. (p. 48)
>
> "Le tems, employé à se procurer des moyens d'existence, ou à s'acquitter d'un devoir, qui tient à la place qu'on occupe ou à ses relations sociales, est comme un fonds destiné à la consommation immédiate. Son emploi s'applique à des choses de nécessité ; il est commandé par le besoin.
>
> "La portion de tems disponible, dont on peut faire à son gré un bon ou mauvais usage, est perdue par beaucoup d'hommes qui la consomment en actions inutiles, frivoles ou préjudiciables ; elle est consacrée par quelques autres à se perfectionner, à s'instruire, à développer et à entretenir leurs forces physiques et leur santé ; elle devient pour eux une sorte de capital destiné à rapporter un profit pour l'avenir, et qui procure aussi, le plus souvent, une véritable jouissance, dans le moment même où on l'emploie.

---

1 A. Smith, économiste anglais, est l'auteur de *Recherches sur la nature et la richesse des nations* (1776) dans lesquelles il montre que c'est la travail qui est source de richesse.

> Puisque la vie entière est composée de ces deux portions distinctes et séparées, il faut en régler la destination avec une telle mesure et une si juste proportion, que la première n'enlève à l'autre aucun des instans que celle-ci peut s'approprier ; on doit même les faire concourir simultanément, pour le présent et pour l'avenir, au développement de ses facultés, dirigées vers le grand but, qui est le même pour tous les hommes, le bonheur." (pp. 49-50)

Intimement persuadé de la justesse de cette théorie, j'ai toujours cherché à essayer de comprendre comment le deuxième niveau de la vie pouvait envahir le premier... Par rapport à mes étudiants, c'est ce qui a guidé ma pédagogie du journal vers le choix de leur vécu professionnel comme objet de recherche. Si l'on s'observe travailler, l'écriture du journal transforme du "temps obligé" en matière pour l'observation et l'étude... En effet, une question se pose : que peut-on, que doit-on observer et décrire dans un journal ? La suite de l'ouvrage de Marc-Antoine Jullien tente de répondre à cette question. Nous allons en continuer la lecture dans le chapitre suivant.

Chapitre 3

QUE NOTER DANS UN JOURNAL ? OBSERVATIONS ET DESCRIPTIONS

NOTRE VÉCU est la source la plus assurée de connaissance. Tout inconvénient, tout obstacle peut être changé en "élément et moyen de succès".

> "Comme tout est mêlé de bien et de mal dans la monde, il convient de s'attacher, dès qu'on rencontre une difficulté ou un obstacle, à s'en emparer pour le convertir en élément de succès. Là est un des grands secrets de la sagesse et un signe caractéristique du génie." (p. 51)

C'est la thèse que développe Jullien ; on va voir que dans ce rapport à la vie se trouve la matière du journal qui transforme le quotidien répétitif et ennuyeux en expérience. Le journal est une sorte de pierre philosophale, permettant de transformer le plomb en or...

> "Le talent de tirer toujours parti des événements et des hommes, se lie essentiellement à l'art de faire un bon emploi de son temps. On doit à la fois tourner à son profit le temps, considéré comme un fonds disponible ; les circonstances et les événements, lors même qu'il sont peu favorables ou contraires à nos vues ; et les hommes avec lesquels on se trouve et qui peuvent servir à notre instruction et à notre perfectionnement." (p. 50)

Le mémorial, décrit dans le chapitre précédent, ne permet pas à lui seul de développer toutes nos observations.

> "Il se borne à donner l'assurance que, sur chaque intervalle de vingt-quatre heures, aucun moment ne sera perdu." (p. 51)

Aussi, Marc-Antoine Jullien propose-t-il d'aller plus loin et d'ouvrir trois journaux particulier concernant le corps, le cœur et l'esprit.

> "L'objet de ces trois journaux est de résumer, avec une étendue proportionnée à l'importance des matières, tout ce qui, dans ses lectures, dans ses observations, dans la société, dans les faits que l'on a sous les yeux, paraît d'une utilité réelle pour l'amélioration des trois branches indiquées." (p. 52)

1) DU JOURNAL DU CORPS

> "Y seront successivement réunies toutes les observations résultant de l'étude suivie et de la connaissance parfaite de son tempérament : on aura facilement vérifié, par l'expérience et par une attention exacte sur soi-même, quelles choses lui sont avantageuses ou nuisibles. On se rendra capable d'être son propre médecin, de choisir les exercices et les alimens les plus salutaires, de s'appliquer enfin le régime le plus favorable à sa santé..." (p. 52).

2) DU JOURNAL MORAL

Il contiendra

> "les réflexions véritablement utiles et d'une application pratique, qu'on aura l'occasion de faire chaque jour ; les principes et les règles de conduite qu'on voudra se proposer, les portraits des hommes qui auront paru dignes d'observations, les nuances variées du cœur humain reproduites dans toutes les conditions et dans toutes les positions de la vie, les traits remarquables, les actes de courage, de franchise, d'héroïsme, de vertu, de lâcheté, de fausseté, de pusillanimité, de perfidie ;

les anecdotes piquantes et instructives ; tout ce qui tient enfin aux caractères, aux mœurs, aux coutumes, à la connaissance et à l'usage du monde, partie essentielle de l'éducation. Vous prenez ainsi la nature sur le fait, et vous saisissez facilement la ressemblance" (p. 54).

Il s'agit en quelque sorte de refaire le tableau à la manière de F. Bacon.

> "Vos fautes et vos malheurs servent à vous instruire ; les fautes et les malheurs des autres deviennent pour vous des leçons toujours présentes, dont vous avez soin, en tems et lieu, de faire l'application." (p. 55)

Toujours selon J. Locke, la morale consiste "à découvrir les règles et les mesures des actions humaines, qui conduisent au bonheur, et les moyens de mettre ces règles à exécution." On étudie comment les gens vivent, dans toutes les classes de la société, dans tous les moments de la vie. Le but est d'apprendre à plier et à réformer son caractère et à dompter ses passions. Ou au moins à les orienter dans une direction que l'on aura choisie. Il s'agit de "placer des sentinelles attentives sur ses lèvres, dans ses yeux et dans son cœur" (p. 57).

L'objectif est de s'habituer à bien étudier et connaître les hommes, à les aimer et à les servir. Ainsi, peut-on espérer être aimé, acquérir du discernement, distinguer et honorer les vertus et les talents, choisir ses amis avec discernement, observer toutes les convenances qu'il est honteux d'ignorer. C'est une façon de s'exercer à toutes les vertus. On apprend à se corriger, à être sévère vis-à-vis de soi-même, tolérant pour les autres qui ne font le mal qu'en se trompant... "Chaque homme porte en soi la forme entière de l'humaine condition", disait déjà Montaigne... L'état habituel de réflexion et de retour sur soi-même neutralise les passions et forme à une vraie philosophie pratique. L'équilibre que l'on parvient à acquérir, par la réflexion et l'écriture journalière, permet de garder, en tout, un *juste milieu*... principe de la philosophie aristotélicienne. Savoir se contenter de peu... Aimer pour être aimé...

En fait, le "journal moral" aide à se connaître soi-même, objectif de la philosophie depuis Socrate. Le journal, en effet, permet de faire, chaque jour, de nouveaux progrès dans la connaissance du cœur humain, dans l'étude de l'homme, dans celle de son propre caractère, dans la science du bonheur. Marc-Antoine Jullien cite A. Young :

> "La nature force les mortels à partager le bonheur, s'ils veulent en jouir ; elle l'étouffe ou l'appauvrit dans les mains de l'ingrat qui veut en priver son semblable, et le retenir pour lui tout seul. Le bonheur est un commerce, un échange de plaisir ; jamais homme n'a été seul aussi heureux qu'il pouvait l'être." (p. 64)

L'étude attentive des hommes en général et des rouages compliqués de l'organisation sociale permettront d'éviter les *joueurs*, les *mendians* et les *voleurs* qui, d'après Marc-Antoine Jullien, ont un point commun : exister "aux dépens de la société, sans lui procurer aucun avantage". Or,

> "l'homme qui se respecte lui-même, ne veut devoir qu'à son travail ses moyens d'existence, et toutes les choses utiles et commodes qu'il désire se procurer ; il veut payer son tribut à la société, en compensation des avantages qu'il en reçoit" (p. 65).

Les observations qui entrent dans le journal moral permettent de conquérir une indépendance, une identité particulière, une sagesse.

3) DU JOURNAL INTELLECTUEL

Il se compose "d'articles détachés, élémentaires et instructifs, sur les différentes branches des sciences, sur lesquelles on aura l'occasion d'entendre discuter des hommes éclairés" (p. 65). Pour Marc-Antoine Jullien, les sciences ne sont que des collections de faits, d'observations, d'expériences, de résultats :

> "L'homme qui a contracté l'heureuse habitude de rapporter tout à son perfectionnement, à son intérêt bien entendu, d'augmenter tous les jours son recueil d'expériences, de faits et d'observations, et qui cherche toujours à s'instruire, doit tourner à son profit les conversations même et les discussions qu'il entend dans les sociétés où il se trouve, lorsqu'elles sont intéressantes et instructives. Il se rend compte, chaque soir, de celles qu'il a pu recueillir ; il les résume et les analyse

dans son journal, après les avoir digérées et mûries, en les méditant ; car, on retient mieux ce que l'on a fixé dans son entendement par la réflexion, que ce qu'on apprend seulement à l'aide de la mémoire : on exerce par là son esprit, on se fait toujours des idées justes, et on apprend à penser." (p. 66)

4) COMMENT RETROUVER SES IDÉES OU OBSERVATIONS ?

Cela pose tout de même un problème de classement. Comment retrouver ses idées, observations, analyses antérieures ? Marc-Antoine Jullien renvoie à la technique de Locke qui permet grâce à une *table des matières* de

> "rapprocher tous les articles écrits séparément sur le même objet, et sert à former un ensemble sur une ou plusieurs sciences, dont on acquiert ainsi une idée générale. Le sujet de chaque article étant énoncé à la marge, en un seul mot, on peut y recourir facilement au besoin. Les résultats, au bout de quelques années, offrent des notions élémentaires sur plusieurs branches de sciences ; ces notions ont été recueillies sans peine, sans embarras, sans fatigue, dans les instans même de délassement donnés à la société, et perdus en général pour tous les autres homme" (p. 67).

On a affaire là, à une technique d'*hyper-texte* qui sera reprise près de deux siècles plus tard par les techniques informatiques. Nous serons amenés, dans un chapitre ultérieur à revenir sur cette question de l'*indexicalisation* qui est du plus haut intérêt pour pouvoir exploiter un journal (ou plus généralement un "corpus de données") d'une manière construite et transmissible.

La culture scientifique s'acquiert ainsi au contact direct des savants :

> "Il est à remarquer, à cet égard, que les savans se proportionnent dans les conversations familières à la portée ordinaire de l'intelligence, et présentent alors les sciences sous un jour qui les rend plus faciles à saisir." (p. 67)

Marc-Antoine Jullien a conscience que, par cette forme d'exploration, on ne parvient pas au cœur des sciences, mais cette méthode permet d'en acquérir tout de même l'essentiel, et dans tous les domaines.

De plus, le journal permet de former son jugement, sa mémoire et son style.

> "Cette méthode est principalement utile pour un militaire, pour un voyageur, dont la vie errante et vagabonde ne leur permet pas de suivre des cours méthodiques et réguliers, et ne leur offre guère d'autres moyens de s'instruire, mais qui voient tour-à-tour beaucoup de pays différens, qui passent la plus grande partie de leur vie dans la société des autres hommes, qui ont, pour ainsi dire, successivement sous leurs yeux, beaucoup d'individus, de peuples, d'événemens, d'observations, de phénomènes, de mœurs, de lois, d'usages différens et variés. Il n'est pas un seul homme, quelque ignorant et borné qu'il soit, qui ne puisse être supérieur à un autre, en quelque point, ou lui être utile de quelque manière, et dont on ne puisse, par conséquent, tirer parti plus ou moins." (p. 70)

5) L'ENQUÊTE AU QUOTIDIEN ET L'OUVERTURE DE JOURNAUX THÉMATIQUES

Penser à ce que l'on va écrire aide à communiquer avec son environnement, à s'intéresser aux autres :

> "Vous trouvez-vous avec un avocat ou un juge ? Faites tomber la conversation sur les tribunaux, leur organisation, la législation actuelle, les abus qui ont lieu dans les procédures et dans les jugemens. Vous obtiendrez des renseignements utiles, même d'un praticien routinier, à plus forte raison, d'un habile jurisconsulte.
>
> "Êtes-vous avec un commerçant, un banquier, un simple marchand ? Vous l'interrogez sur la nature de ses spéculations, sur les intérêts de la classe d'hommes dont il fait partie ; vous prenez une idée des relations commerciales considérées en détail dans la société, ou du commerce, vu en grand dans ses rapports avec la prospérité d'un pays, et dans les communications qu'il établit entre différens peuples.

> "Un militaire, si vous avez l'art de le questionner sur la partie qui lui est familière, vous introduira dans le service intérieur d'un corps, vous rendra, pour ainsi dire, témoin des évolutions et des manœuvres, vous permettra de juger de l'état de la discipline, de l'instruction, de l'administration des troupes, vous donnera des indications nécessaires sur les usages les plus convenables, qu'on peut faire, suivant les occasions et les localités, des différentes armes, de l'infanterie légère, de celle de ligne, de la cavalerie, de l'artillerie, vous offrira des récits intéressans et instructifs des batailles où il s'est trouvé, vous désignera les bons ouvrages à consulter sur l'art de la guerre." (p. 73)

Dans la suite du texte, il explique tout ce que l'on peut tirer, comme informations, d'un officier de génie, puis il poursuit :

> "Le voyageur vous fera visiter les pays qu'il a parcourus ; l'ambassadeur et le diplomate vous introduiront dans les secrets des cabinets des rois, des intrigues et des intérêts de cours, de la force et de la puissance respectives des différents états." (p. 74)

Il explique ensuite longuement ce que l'on peut tirer d'un entretien avec un prêtre... Puis :

> "Vous mettez à profit l'expérience du vieillard, les manières et le tact fin et délicat de l'homme du monde. Les hommes de lettres, les artistes, les femmes, vous donneront à la fois le sentiment du beau et les règles nécessaires pour former et diriger le goût ; le chimiste, le physicien, le naturaliste, l'astronome, le médecin, le botaniste, l'agriculteur, vous offriront des notions élémentaires de la branche que chacun d'eux a spécialement approfondie.
>
> "Le simple artisan, l'ouvrier, vous initieront aux connaissances mécaniques ou de détail, qu'on ne doit pas négliger, ni mépriser ; les objets les plus minutieux peuvent acquérir un degré d'utilité dans un esprit vaste et qui coordonne bien tout ce qu'il sait. Chaque homme a vécu dans une sphère quelconque, a parcouru un cercle plus ou moins étendu d'idées et d'observations, et peut instruire plus ou moins celui qui sait en tirer parti.

> "L'homme instruit croit toujours qu'il peut s'instruire encore.
>
> "Sachez donc utiliser tous ceux que vous rencontrez, pour ne point perdre de tems et pour rapporter tout à votre instruction. L'emploi du tems et l'emploi des hommes sont à la fois les deux élémens de l'art de se conduire dans le monde, et de l'art de gouverner les autres." (p. 75)

Marc-Antoine Jullien cite alors Bossuet, qui montre, dans l'oraison funèbre du prince de Condé, que ce type d'hommes, ouvert à tout existe. Tout a intéressé Condé... mais aussi le prince russe Potemkine[1] qui n'avait reçu aucune instruction au départ et qui apprit tout de sa curiosité vis-à-vis des hommes, ou J. Locke dont on disait qu'il avait l'art "de s'accommoder à la portée de toute sorte d'esprits : ce qui est peut-être l'une des plus sûres marques d'un grand génie" (p. 78). Avec un jardinier, il se passionnait pour le jardinage, avec un joaillier, il s'intéressait aux pierreries, avec un chimiste, de chimie, etc.

> Par différentes interrogations qu'il faisait à des gens de métier, il trouvait le secret de leur art qu'ils n'entendaient pas eux-mêmes, et leur fournissait souvent des vues toutes nouvelles qu'ils étaient charmés de mettre à profit." (p. 79)
>
> Marc-Antoine Jullien fait remarquer que cette méthode
>
> "n'a pas moins d'avantage pour l'homme sédentaire, refermé dans un cercle étroit et borné, qui, puisant alors les matériaux de son journal dans ses lectures, et non dans ses sociétés, fait également tous les jours une riche moisson, et classe avec soin les résumés ou extraits des bons ouvrages qu'il a lus et médités, ou se rend compte des branches successives des sciences qu'il a étudiées ou approfondies. On revoit ainsi en quelques heures la substance de ce qu'on a lu en plusieurs mois".
>
> Et Marc-Antoine Jullien ajoute et je souligne :
>
> "On peut avoir autant de journaux séparés qu'on a d'ouvrages particuliers à extraire et de sciences ou d'objets d'étu-

1. Grigori Aleksandrovitch Potemkine (1739-1791). Favori de Catherine II, il dirigea la mise en valeur de l'Ukraine méridionale et fonda Sébastopol.

des, dont on veut réunir et recueillir les notions détachées, pour en former un ensemble." (p. 80)

6) FAUT-IL PASSER SA VIE À ÉCRIRE DES JOURNAUX ?

Marc-Antoine Jullien veut prévenir une objection qui se présente naturellement.

> "Ce que vous demandez, dira-t-on, est-il praticable, et un homme passera-t-il ainsi sa vie à faire des journaux ?"

La réponse est que la méthode proposée,

> "susceptible d'être variée, modifiée, réduite à l'infini, quoiqu'on ait cru convenable de lui donner ici tous les développemens qu'elle peut recevoir, n'est certainement pas applicable à tous les hommes. Elle convient d'abord à celui qui veut devenir un homme supérieur, et qui est appelé... à occuper un poste élevé dans la société. Celui-là doit, plus qu'un autre, travailler à se perfectionner sans cesse...".

On peut se borner aux trois premières étapes de la méthode. C'est déjà beaucoup, pense Marc-Antoine Jullien, mais

> "ceux qui auront plus de loisirs, une volonté plus forte, un esprit plus actif, et qui regarderont les trois cahiers, physique, moral et intellectuel, comme autant de magasins encyclopédiques, où ils peuvent faire une ample provision de principes, de connaissances et de vérités pratiques, s'appliqueront cette condition accessoire de la méthode, et auront à écrire plus ou moins sur ces différens recueils, suivant que leur genre de vie, la disposition de leur esprit ou les objets qui les entourent, leur offriront des matériaux pour cette sorte de travail. Ils imiteront alors l'industrieuse abeille, qui, dans ses excursions en apparence vagabondes, exprime les sucs les plus exquis de toutes les fleurs, et les combine ensuite pour composer son miel" (p. 83).

En lisant ce passage, j'ai envie de dire qu'à l'intérieur d'une vie, il est des périodes où le contexte favorise ou suscite ce type de travail. On a envie de faire une recherche, on veut mener à bien un programme d'exploration, on a l'occasion de faire un voyage particulier, on veut témoigner d'un vécu exceptionnel... Le recours au journal peut s'imposer comme une ressource pour valoriser une période de sa vie où se consacrer à l'étude s'impose à soi comme une nécessité, comme une urgence. Le passé nous donne l'exemple de grands diaristes qui n'ont écrit des journaux que dans des périodes choisies de leur vie... L'extension de la méthode varie donc en fonction de la disponibilité dans laquelle on se trouve.

7) LE DIARISME COMME ROUTINE

Mais il est vrai que "tout devient facile par l'habitude." Lorsque l'on est entraîné à cet exercice,

> "rendre un compte exact et même détaillé, par écrit, de ses conversations, de ses réflexions, de ses lectures de chaque jour, n'est ordinairement l'affaire que d'un quart d'heure, et tout au plus d'une ou deux heures, dans les jours les mieux employés, où la récolte est plus abondante. Et malheureusement, quel est l'homme qui ne perd pas deux heures et plus dans chaque journée !" (p. 83).

8) LE RISQUE DE SE PERDRE DANS DES DÉTAILS INSIGNIFIANTS

Marc-Antoine Jullien veut également répondre à une objection plus solide, celle du risque de se perdre dans des détails qui flattent l'amour-propre, mais qui, en fait, n'ont aucun intérêt. Il faut être conscient de cet écueil, mais il est facile de l'éviter.

> "Les meilleurs usages ne sont pas exempts d'abus : doit-on pour cela les proscrire ? Il faut séparer avec soin le bon grain de l'ivraie, et garantir une coutume bonne et utile en elle-même, des vices qui pourraient s'y mêler. L'amour-propre est la maladie de tous les hommes, mais surtout des petits esprits. Un esprit sain et éclairé, qui aime et qui recherche la vérité, combat toujours avec succès cet ennemi secret et dangereux. Il suffit d'être continuellement sur ses gardes." (p. 84)

Marc-Antoine Jullien voit les racines de cette méthode dans les pratiques de l'école de Pythagore qui avait proposé à ses disciples d'examiner chaque jour leur vécu. Il se réfère également à Benjamin Franklin pour qui cet examen journalier devait porter successivement sur les différentes vertus ou qualités morales qu'il cherchait à atteindre...

Chapitre 4

LE JOURNAL, COMME TÉMOIGNAGE

PARMI TOUS LES LIVRES QU'IL M'A ÉTÉ DONNÉ DE PUBLIER ou en tant qu'auteur ou en tant que directeur de collection[1], le centième, *La vie à Reims pendant la guerre 1914-1918, notes et impressions d'un bombardé*, est probablement celui qui me tenait le plus à cœur, et ce, depuis longtemps[2].

L'auteur en est Paul Hess, mon grand-père, né en 1871 et mort en 1958 à Reims, lorsque j'avais onze ans. Je l'ai donc bien connu. J'ai d'ailleurs eu la chance d'avoir une relation personnelle avec lui. La complicité toute particulière que j'ai pu partager avec "Bon Papa" explique certainement le désir que j'ai eu, assez vite après avoir découvert les sciences humaines à l'université, de publier ce qu'il appelait son "manuscrit"[3].

Cet ouvrage de Paul Hess n'est pas le seul texte de lui dont nous disposions. Paul Hess a beaucoup écrit. Il est notamment, comme la plupart des membres de la famille (avant et après lui),

1. Au jour où j'écris, j'ai publié une trentaine de livres comme auteur et une centaine dans les six collections que j'ai dirigées ou dirige encore aujourd'hui.

2. Paul Hess, *La vie à Reims pendant la guerre 1914-1918, notes et impressions d'un bombardé*, Paris, Anthropos, 1998, 680 pages, dont présentation, illustrations, index et appendices.

3. Pour plus de détails, lire ma présentation à cet ouvrage.

l'auteur d'une correspondance abondante[1], mais aussi d'un journal de guerre 1939-1947[2], ainsi que de deux textes concernant l'histoire de famille. Ses écrits sont, pour la plupart, restés des textes à diffusion familiale ; ils prennent leur place dans le "livre de raison" de la famille. Le seul ouvrage connu par un public étranger à la famille est le texte que je commente aujourd'hui. C'est le livre qu'il a écrit pour un public plus large que sa famille, celui qu'il rêvait de publier.

Ce qui amène Paul Hess à se lancer dans l'écriture de ses "notes et impressions" dès la déclaration de guerre de 1914 est vraisemblablement la demande faite à Paul, en 1913, par François Simon-Gardan, son beau-père, de l'aider à mettre en forme ses mémoires de la guerre de 1870[3]. Il s'agit d'un petit opuscule de vingt-six pages qu'il fait imprimer "pour ses enfants et petits-enfants", où il raconte sur un mode à la fois drôle et dramatique le vécu familial, ses faits de résistances contre les Prussiens, etc. Paul assure le suivi éditorial (correction du style et de l'orthographe). Il est évident que cette idée de laisser une trace écrite pour la famille, notamment sur les histoires de famille ou les temps forts des guerres et occupations, est un élément culturel qui existe aussi dans la tradition Hess. Simon-Gardan et Paul Hess se retrouvent dans cette culture de l'écrit. Ces deux familles partagent l'idée que chacun doit écrire ses mémoires à un moment ou à un autre... En même temps, pour eux, l'écriture n'est pas une activité professionnelle. Ils sont des "sociologues profanes", des sociologues à usage non pas privé, mais domestique. Le "domestique" est une forme sociale qui comprend la famille et les proches.

---

1. Dans cette correspondance, il faut ici signaler 371 lettres écrites à son épouse entre le 30 novembre 1914 et le 28 décembre 1918 archivées dans les papiers de famille (9 en 1914 ; 99 en 1915 ; 80 en 1916 ; 97 en 1917 ; 86 en 1918). J'ai découvert ces lettres en 1990. Les réponses de Pauline, son épouse, qui avait du fuir Reims avec ses quatre enfants auquel vint s'ajouter Antoinette née en 1915, ont — pour la plupart (toutes celles écrites avant l'évacuation totale de Reims) — été perdues, vraisemblablement détruites dans les derniers bombardements de la ville avec d'autres papiers. Je le regrette amèrement. Elle auraient permis d'avoir le versant "exode" de l'aventure familiale.

2. A peu près équivalent, en volume, à celui dont on parle ici. Ce second ouvrage est également indexicalisé. Il est resté à l'état de manuscrit.

3. Simon-Gardan, "Souvenirs de la guerre de 1870-1871", Reims, *L'Indépendant rémois,* 1913.

Paul Hess garde d'ailleurs une relation épistolaire avec de nombreux correspondants, notamment Simon-Gardan, réfugié à Paris, durant toute la durée de la guerre[1]. Cette correspondance témoigne des liens de Paul Hess avec F. Simon-Gardan, personnage qui se sent vieillir mais qui a joué un rôle très particulier dans la construction de l'identité d'écrivain de Paul.

Que le petit livre de Simon-Gardan (lu et cité à l'époque par des gens extérieurs à la famille) soit un déclencheur de l'écriture des notes de Paul ne fait aucun doute ! Dès la déclaration de guerre de 1914, Paul estime que l'écriture "après coup" est plus imprécise que l'observation directe des faits... Il développe une réflexion à ce propos le 3 avril 1917, expliquant qu'il profite de certains bombardements (qui amènent les autres à se mettre à l'abri) pour mettre à jour ses notes :

> "... Je ne voudrais pas rattraper mon retard en inscrivant simplement à la fin de la semaine « bombardements très violents », ce qui serait exact, certes, mais ne me donnerait satisfaction que s'il s'agissait d'en terminer, en mettant vite le point final au récit de nos misères. S'il m'est donné plus tard de revoir mes carnets, je tiens à retrouver les particularités des journées tragiques qu'il nous a fallu traverser, car lorsqu'il m'arrive de jeter un coup d'œil sur leur contenu, je suis surpris moi-même, de revivre bien des instants de notre existence à Reims, qui seraient oubliés si je ne les avais pas notés. Un obus chasse l'autre..."

Le livre de Simon-Gardan est-il la seule influence qui ait joué dans la détermination de Paul à se mettre à ce travail ? Je suis tenté de penser que le souffle Le Playsien, évoqué dans le premier chapitre de ce livre lorsque je parle de Charles de Ribbe, est présent à Reims[2]. Il a forcément touché Paul Hess. Mais il m'est encore difficile de dire comment compte-tenu du fait que tous les biens que Paul possédait à 43 ans (livres, notamment) ont été détruits le 19 septembre 1914. Il n'en reste aucune trace.

---

1. Voir la présentation de l'ouvrage
2. Ne serait-ce que par l'établissement rémois de Pierre Leroy-Baulieu, descendant direct de Frédéric Le Play, membre de l'Académie nationale de Reims, et qui allait mourir en héros.

Le livre de Paul Hess est un journal intéressant pour la réflexion qui est la nôtre car il est un véritable *work in progress*[1]qui se développe entre 1914 et 1935. Il a pour point de départ des "notes" écrites *in situ*, au jour le jour, dans le contexte dramatique que l'on découvre à la lecture, celui des bombardements de la ville de Reims entre 1914 et 1918. Lorsque le climat le permet, c'est-à-dire lorsque les bombardements s'interrompent et lorsqu'il est plus disponible (en général au moins une fois par semaine, le dimanche), Paul reprend ses notes de terrain et les développent sous la forme d'un journal parfaitement rédigé et calligraphié, lisible tel quel par un lecteur autre que lui. Cette seconde version (écrite en situation) a servi de base à l'élaboration finale de l'ouvrage tel qu'il est aujourd'hui.

La troisième version fut élaborée très méticuleusement lorsque Paul put enfin "dételer" (le mot est de lui) de son emploi qui l'avait beaucoup occupé entre 1918 et 1931. A ce moment-là, il intègre dans la copie de ses notes des articles tirés de la presse parue à Reims entre 1914 et 1918 qu'il avait patiemment réuni pendant la guerre et réussi à sauver de la destruction. Il y adjoint, à une ou deux reprises, des textes postérieurs qui viennent éclairer son propos.

Cette version publiée est donc ce que l'on pourrait appeler un "journal enrichi". Lorsqu'il put avoir du temps devant lui, l'auteur rédigea donc la version finale du livre. Le 1er juillet 1931 est, en effet, la date à laquelle il fait valoir ses droits à la retraite.

A quelle date l'ouvrage fut-il réellement terminé ? Sur le tapuscrit, on lit : "1933-1934 (copié en 1935)". Donc, la version originale, manuscrite, était terminée en 1934 et dactylographiée l'année suivante. Il faut signaler la clarté de la frappe où il n'y a pratiquement aucune faute. L'auteur frappe son manuscrit lui-même à la machine à écrire avec cinq carbones, ce qui permet de disposer de six exemplaires dactylographiés. Il en destine un à chacun de ses cinq enfants. Le sixième était destiné à un de ses amis.

Ces trois moments de l'écriture du texte ont retenu l'intérêt d'un historien rémois qui a pu se pencher sur l'ouvrage en 1980. Il

1. Travail en cours d'élaboration, de perlaboration. Littéralement "travail en train de se faire". Cette expression est utilisée par les tenants américains de la recherche-action, de l'ethnographie... bref des courants des sciences humaines qualitatives.

a cherché à comparer les trois phases de l'écriture, les trois versions successives du texte. Personnellement, je pense qu'il y a eu 4 phases dans le travail d'élaboration. Car le carnet 4 de la seconde élaboration, donc en principe datant de 1918-1919, contient une "table alphabétique" très précise du contenu des trois carnets. A quel moment cette table a-t-elle été rédigée ? Forcément après la rédaction de l'ensemble des carnets. Mais en elle-même, la conception de cet outil exigeait un travail complexe spécifique, à partir d'un brouillon qui n'a pas été conservé. Fabriquer une telle table suppose, en effet, une relecture analytique du texte. Lors de cette lecture, on choisit des mot-clés qui ont une importance stratégique. Cette table a-t-elle été rédigée en 1919 ? Ou plus tard ? Nous reprendrons cette question dans le chapitre sur le travail d'*indexicalisation*...

En 1932, Paul Hess, délibérément, a choisi de rester ethnographe. Il a rassemblé un tel matériau qu'en en découvrant très vite la valeur intrinsèque, il choisit de le livrer tel quel. L'enrichissement rédactionnel qu'il fournit en 1932-1934 n'a qu'une visée : rendre encore davantage lisible son journal pour un lecteur extérieur aux événements. S'il reste ethnographe, il se veut aussi médiateur entre son vécu et son lecteur. Pour le dire simplement, il retravaille l'écriture de son texte pour le rendre "publiable", c'est-à-dire accessible à un public qui n'a pas vécu les événements. Son projet est de témoigner.

Cette préoccupation l'avait déjà mobilisé lors de la seconde version. Il sait que son vécu de la situation d'observation est tellement risqué qu'il n'est pas du tout sûr de survivre à son travail d'enquête. S'il vient à disparaître, il veut laisser un *témoignage*. Il protège, au fur et à mesure, ses prises de notes. Il a raconté qu'il avait enterré certains brouillons. Il garde sur lui, en permanence, la seconde version dans un sac de masque à gaz que nous avons conservé. C'est ce qui explique la rédaction de plus en plus minuscule des 284 pages de cette seconde version. Il ne faut pas que cela prenne trop de place, que cela soit exagérément encombrant dans les longues promenades dont il nous rend compte... On ne sait pas quand la guerre prendra fin !

En même temps, ces premières traces qu'il veut nous léguer doivent être le plus propre possible. Dès la seconde version, écrivant pour un lecteur possible, il travaille la forme, le style. Il veut rendre explicite l'implicite de ses notes de terrain.

Simultanément, son texte est hyper-censuré. Tout en se voulant être le témoin le plus fidèle, il n'écrit que ce qu'il accepte de donner à lire[1]. Il reste excessivement silencieux sur lui-même. Il évite de trop nous parler de son affectivité, par exemple, de ses souffrances quotidiennes. Les notations familiales elles-mêmes sont rares et excessivement discrètes, même si elles sont poignantes lorsqu'il restitue le discours de son petit André qui n'a que cinq ans et demi : "Papa, j'aimerai mieux être mort !"

A-t-il décidé de ne garder qu'un carnet témoin de la première version ? Ou les autres ont-ils été perdus avec les lettres reçues durant la guerre ? On pourra dire que la première version, écrite à chaud, dans l'action, sur les petits agendas Hachette que lui envoie Simon-Gardan, est "pour l'auteur". La seconde qui la suit de quelques jours, parfois de quelques heures, est déjà un écrit "pour l'autre", pensé et mis en forme en tenant compte de lui.

En fait, une question que je me pose, au moins depuis 1974[2], et qui me semble essentielle : comment Paul a-t-il eu l'idée de se lancer dans l'écriture d'un tel journal ? Comment a-t-il pu, sans formation secondaire ou universitaire (à 15 ans il quitte l'école à la fin du primaire), décider de produire (à 43 ans, c'est vrai) un texte répondant à des exigences scientifiques qui venaient d'être tout récemment formulées (en 1905) par Émile Durkheim dans ses *Règles de la méthode sociologique*, à savoir "étudier les faits sociaux comme des choses" ?

Paul appliquait au quotidien français, avant même leur rédaction, avant même qu'elles soient formulées, les instructions du *Manuel d'ethnographie* que Marcel Mauss allait destiner aux ethnographes travaillant sur un terrain exotique !

---

1. On s'en rend compte lorsque l'on compare son texte avec le journal de Malinowski. Sur ce point voir le chapitre "Le journal total de Bronislaw Malinowski", dans R. Lourau, *Le journal de recherche, matériau pour une théorie de l'implication*, Paris, Méridiens Klincksieck, collection "Analyse institutionnelle", 1988, pp. 33-54.

2. Date à laquelle, en rencontrant Raymond Fonvieille, lui-même grand diariste, j'ai commencé à élaborer une réflexion sur la pratique du journal en confrontant la pratique de Raymond Fonvieille (et à travers lui Célestin Freinet) à celle de Paul Hess. Sur ce point, voir R. Hess, *Chemin faisant*, Ivan Davy, Vauchrétien, 1996.

Dans son *Manuel d'ethnographie* (première édition : 1947), Marcel Mauss oppose l'ethnographie extensive (qui tente de rassembler le maximum de données le plus vite possible) de l'ethnographie intensive qui "consiste dans l'observation approfondie d'une tribu, observation aussi complète, aussi poussée que possible, sans rien omettre." Il ajoute :

> "Un ethnographe professionnel, travaillant très bien, peut, à lui seul, en l'espace de trois ou quatre ans, procéder à l'étude presque exhaustive d'une tribu." (p. 13).

Dans sa rubrique "méthodes d'observation", il écrit :

> "La première méthode de travail consistera à ouvrir un *journal de route*, où l'on notera chaque soir le travail accompli dans la journée : fiches remplies, objets récoltés, entreront dans ce journal qui constituera un répertoire facile à consulter.
>
> L'enquêteur établira un *inventaire* au fur et à mesure qu'il recueillera ses objets de collection.
>
> A tout objet recueilli correspondra en outre une fiche descriptive détaillée, établie en double.
>
> Journal de route, inventaire et fiches constitueront un premier élément de travail." (p. 16)

Paul Hess a-t-il inventé sa méthode en situation ? A-t-il bénéficié d'une influence antérieure qui lui a donné la clé lorsqu'il s'est trouvé placé dans la situation de pouvoir écrire ? Son lecteur d'aujourd'hui, *inutri* (le mot est de Montaigne) de sciences humaines et sociales, écrasé sous les longs développements méthodologiques des thèses[1] ou ouvrages qui se publient aujourd'hui, reste là sur sa faim.

Paul Hess ne donne qu'une page de description de sa méthode de travail dans son avant-propos (voir encadré).

1. Je parle d'expérience, ayant participé, depuis 1982 à plus de 120 jurys de thèse !

Avant-propos de Paul Hess,
La vie à Reims pendant la guerre de 1914-1918,
notes et impressions d'un bombardé

"Les notes à l'aide desquelles le présent manuscrit a été rédigé ont été prises par l'auteur, au jour le jour, à Reims dès la déclaration de guerre et pendant le durée du bombardement.

Rapidement condensées et griffonnées quelquefois sous l'émotion de bouleversements violents provoqués par les explosions des projectiles, elles étaient mises au net dès qu'il lui était possible — généralement le dimanche, pour la semaine écoulée — sur l'un des carnets dont il ne se séparait jamais ; alors, il les transcrivait de telle manière que leur développement éventuel pût exposer nettement les faits pris sur le vif. Quelques-unes, les dernières, dont il est donné seulement des extraits, y ont été ajoutées à Paris, après l'évacuation totale, dans la période d'attente du dégagement définitif de la ville.

En préparant son travail, le narrateur a tenu à incorporer, à leurs dates, les documents probants qu'il a réussi à conserver, estimant que leur copie intégrale ne pouvait que contribuer à mieux faire comprendre la situation pénible supportée pendant trois ans et demi, dans une confiance indéfectible, par la population civile demeurée à Reims.

Après avoir mentionné, au 4 septembre 1914, l'entrée du corps saxon venu prendre possession de la ville déclarée ouverte, il a cru utile de reproduire également, en raison de son intérêt relatif, le récit de la « prise » de Reims, fait par un correspondant de guerre allemand. Ce récit incomplet, malgré sa longueur, a été trouvé plus tard, par hasard, ainsi du reste que d'autres renseignements : communiqués de l'ennemi ou informations diverses.

Des points d'observation où les circonstances le placèrent tout à tour, l'auteur s'est trouvé à même de connaître les plus importants événements de l'épouvantable destruction de Reims. A l'hôtel de ville, notamment où se passèrent toutes ses journées, à partir d'octobre 1914, ses excellents camarades et lui vécurent souvent de compagnie, des moments d'angoisses terribles. Mais il lui arriva, parfois, ainsi que cela se produisit pour maints autres concitoyens, d'être surpris isolément par l'arrivée soudaine des obus et d'avoir eu, alors, à traverser des minutes affreusement critiques.

Guidé uniquement par le soucis de l'exactitude, il a composé scrupuleusement son ouvrage avec le désir de laisser au moins à sa famille le souvenir écrit des souffrances morales qu'elle dut subir pendant la terrible semaine du 14 au 19 septembre 1914, ainsi que des journées atrocement déprimantes qu'elle connut encore à Reims, jusqu'au 30 novembre suivant. Il a essayé de dépeindre ensuite la longue série de scène abominables de dévastation dont il fut le témoin — souvent bien proche — jusqu'au 14 mars 1918.

En s'acquittant de la tâche qu'il s'était imposé, il adressa fréquemment un souvenir ému à la mémoire des victimes civiles ou militaires tombées dans la ville de Reims, pendant son bombardement, au cours de la guerre, de 1914 à 1918."

Comment Paul Hess a-t-il pu avoir des idées aussi claires sur la technique à adopter et sur le programme d'écriture à réaliser ?

Durant de nombreuses années, j'ai cherché à connaître les influences qui avaient pesées sur lui. Si j'ai pu regarder, de son vivant, le contenu de sa bibliothèque d'après 1918[1] — il est arrivé à mon grand-père de me parler de ses livres tout en me les montrant dans un rapport à la chose écrite tout à fait particulier et, ne serait-ce que dans la manière de tourner les pages, une lenteur très obsessionnelle que j'ai retrouvée plus tard chez d'anciens chartistes ou assimilés (mais j'étais encore tout enfant). J'ai continué à fréquenter cette bibliothèque lorsqu'elle a été déménagée à partir de 1965 chez son fils Lucien. En 1970, j'y ai emprunté *Enseignements psychologiques de la guerre européenne* de Gustave Le Bon, livre écrit en 1916 par ce psychologue social dont la pensée domina deux ou trois décades du début du siècle et dont j'avais lu *La psychologie des foules* à Nanterre en 1967-1968. Ce livre me semblait du plus haut intérêt pour me prouver que j'avais en Paul un ancêtre qui s'était passionné pour la sociologie... La confrontation de Gustave Le Bon et Paul Hess est d'ailleurs très riche. Elle montre qu'au système interprétatif que Le Bon développe en situation (il écrit en pleine guerre, lui aussi, mais à Paris, dans un bureau confortable), Paul Hess répond par un impératif descriptif : il ne veut s'en tenir qu'aux faits et à la réalité du terrain : "ce que j'avais inscrit dans ces notes, je l'avais vécu comme témoin", rappellera-t-il en 1951. Deux postures théoriques aux antipodes? L'enrichissement est une originalité de ce journal.

1. Tout ce qu'il a pu posséder comme livres avant 1914 a été détruit dans l'incendie du 19 septembre 1914. Je n'ai donc aucune information objective de ce qu'il a bien pu lire entre 1885 et 1914.

Paul Hess a voulu d'abord écrire ce texte pour ses enfants, de ce point de vue son écriture s'inscrit dans la tradition des livres de famille[1]. Il veut qu'il ait sa place à côté d'autres écrits familiaux dont il se fait le conservateur (et dont certains, comme il le mentionne dans son ouvrage dataient de l'époque de Louis XIV). Ces papiers de famille sont la seule chose qu'il cherche à préserver durant les quatre années de guerre... Mais, au fur et à mesure qu'il écrit son texte, il prend conscience que ce document pourra, un jour, être publié.

Cette posture de "journaliste" pour reprendre l'expression d'un lecteur ultérieur constitue Paul et l'amène à tenir dans la situation. Qu'est-ce qui amène Paul Hess à décider de reprendre ses notes et à les mettre en forme dans une perspective de publication ? En fait, je vois deux faits qui le décide à passer trois ou quatre ans de sa vie à mettre en forme ce texte. La première est l'intérêt que porte à ses notes un historien officiel. La seconde est la demande pressente que lui fait l'un de ses fils.

En effet, avant même que Paul Hess rédige la troisième version de son journal, l'existence du texte de la seconde version est donc bien connue. Au début des années trente, le travail de l'ethnographe intéresse un historien, André Chatelle, qui a reçu mandat officiel d'écrire l'histoire de Reims durant la guerre 1914-1918. Ce livre se fera... Mais ce livre aussi mettra beaucoup de temps à sortir. A la lecture de l'ouvrage d'A. Chatelle[2], Paul Hess écrit en 1951 une note qui nous éclaire sur ses rapports à ce personnage :

> "Quelques-uns de mes collègues du bureau de la comptabilité de la Mairie savaient que je possédais ces notes précieuses que je réservais à ma famille.
>
> Le secrétaire en chef, Huet avait ainsi appris que j'étais documenté et que ce que j'avais inscrit dans ces notes, je l'avais vécu comme témoin. Il me demanda un jour par téléphone, alors que j'étais encore en fonction au Crédit municipal, de les communiquer à M. Chatelle.

1. Ce que remarque Patrick Demouy dans sa préface.
2. André Chatelle, *Reims, ville des Sacres ; visites diplomatiques secrètes et récits inédits (1914-1918)*, Paris, Tequi, 1951, 263 pages, nombreuses illustrations.

Au cours d'une courte conversation, comme il m'apparaissait nettement qu'il s'était porté fort auprès de l'auteur admis et subventionné par la Ville de Reims pour écrire l'histoire du bombardement, bien qu'il n'eut pas habité Reims, et que je ne voulais pas « avoir tiré les marrons du feu » pour le bénéfice d'un inconnu, je refusais de m'en dessaisir."

Cet épisode a donc lieu avant juillet 1931. Chatelle semble avoir mis longtemps à écrire son ouvrage car cinq ans après, il revient à la charge. Entre temps, l'ouvrage de Paul Hess en est à sa troisième version :

"Plus tard, je reçus un jour la visite chez moi de M. Chatelle qui me présentait sa carte portant l'inscription de son titre de *Conservateur-adjoint du musée de la marine au Louvre*, me dit venir me voir de la part de M. Émile Charbonneaux, ce qui me surprit agréablement.

Notre conversation porte tout de suite sur mes notes.

Je lui montrais les 3 carnets sur lesquels je les avais écrites lorsqu'en fin de semaine, généralement, je reprenais les brouillons griffonnés souvent en marchant, au fur et à mesure des événements qui me semblaient susceptibles d'être retenus[1], puis je lui fis voir le manuscrit mis définitivement au net pendant près de 2 ans, après ma retraite (en 1931-32).

Il me parut assez surpris de voir un tel volume et me demanda de le lui confier. Je lui répondis que je ne pouvais me séparer de ce travail que je n'avais même pas confié à mes enfants. Insistant, il me fit valoir que des documents lui avaient été remis dans les ministères où il avait dû faire des recherches, m'assurant que c'était en toute confiance que je pouvais être assuré de lui faciliter sa tâche.

J'avais tapé moi-même, pour chacun de mes enfants, cinq copies de mon manuscrit ; je demandai donc à ma fille

1. A cet endroit figure un renvoi qui me semble de la plus haute importance dans la mesure où il explique où il retravaillait ses brouillons : "Le bureau de M. Bouvier, receveur des droits et taxes, situé sous l'escalier de la bibliothèque était le seul resté intact après l'incendie de l'hôtel de ville le 3 mai 1917. M. Bouvier avait bien voulu le mettre à ma disposition et c'est là que je recopiais mes notes sur les carnets dont je ne me séparais jamais et l'hiver il n'y faisait pas chaud car il n'était plus fermé par sa fenêtre."

Madeleine si elle consentait à ce que je remisse à M. Chatelle la copie lui appartenant. Elle accepta."

Paul Hess poursuit :

"M. Chatelle eut donc le loisir de feuilleter toutes mes notes et de les utiliser à son gré.

Il les a dispersées dans les différents chapitres de son ouvrage sans en indiquer toujours l'origine.

Malgré cela, je reconnais que pour les incendies de la cathédrale, de l'hôtel de ville notamment il me cite comme témoin, et par endroits reproduisant mot à mot ce que j'ai écrit.

En 1939, lorsque les bruits de guerre devinrent de plus en plus menaçants, je dus écrire à M. Chatelle pour lui demander instamment de me retourner le livre prêté.

Il me le renvoya en me faisant parvenir en même temps son livre *La Paix manquée* (les pourparlers secrets de 1917) avec une dédicace signée comme remerciement."

On peut penser que la première visite d'André Chatelle compta dans la décision de Paul de se remettre à une rédaction définitive de son livre. Celle-ci va l'occuper de fait durant quatre ans.

Une seconde stimulation est venue de son fils Lucien, né en 1900 et qui avait donc 14 ans en 1914. Il écrit à son père une longue lettre en 1932 qui me semble nécessaire de citer intégralement dans la mesure où elle montre la fonction du tiers dans la décision de se mettre à écrire. Lucien est le fils de Paul. Il n'a donc pas les caractères du personnage qu'essaie de construire Marc-Antoine Jullien pour servir d'interlocuteur, d'aide plus âgé et plus raisonnable qui vous aide à voir clair dans vos projets... Mais Lucien malgré ses 32 ans (Paul en a 61 en 1932) est prêtre. Il a donc une autorité morale que peut lui reconnaître son père... Lui-même a une certaine trempe... C'est quelqu'un qui, très peu de temps après (entre 1940 et 1945), allait se comporter, lui-même en héros, cachant des résistants et des enfants juifs dans l'école de la maîtrise de la Cathédrale de Reims dont il était le maître de chapelle... Ce qui lui vaudra d'être déporté à Dachau... Interrogé par la Gestapo à Reims, puis à Châlons, il est resté silencieux... Sa lettre (que je n'ai pas utilisée dans ma présentation au livre de Paul Hess) me semble importante à analyser.

Le prétexte en est l'impossibilité du fils d'être présent le jour de la remise de médaille que l'Académie de Reims veut décerner à son père. Paul avait répondu à un concours lancé en 1931 où l'on demandait de raconter un moment d'histoire locale... En puisant dans ses notes, Paul avait rédigé un texte du 25 pages où il racontait la journée du 19 septembre 1914 (jour de l'incendie de la cathédrale et de sa propre maison)... Ce texte a donc été distingué pour une récompense... Pour Lucien, l'intérêt de l'Académie pour ce texte montre que Paul a un réel talent littéraire, qu'il peut s'autoriser à aller plus loin... Lucien va formuler une demande, celle d'un fils qui parle au nom de toute la famille, pour que Paul exploite son travail de recueil de données pour en faire quelque chose de lisible... pour les membres de la famille.

Patrick Demouy, historien rémois, qui connaît bien notre famille, évoque cette lettre dans son avant-propos au livre de Paul Hess. Il dit qu'il s'agit, d'abord, dans cette écriture, d'*édifier* une famille. Le mot est très juste. *Édifier*, c'est "construire". L'écriture inscrit la famille, la fait exister... Et c'est cette dimension qui est première, car Lucien ne pense pas que l'entreprise puisse intéresser un très grand nombre... Là, Paul le surprendra, certainement, car il va réussir "un coup" en composant son livre par le mélange de plusieurs corpus (notes, mais aussi dossiers de presse), qui, avec le temps, deviennent précieux pour de très nombreux lecteurs.

Il me semble que cette demande d'un tiers aide beaucoup la personne qui a envie d'écrire. On a besoin d'être confirmé qu'un corpus constitué aurait un intérêt si on le reprenait... Je jouerai ce rôle en 1974 vis-à-vis d'un de mes maîtres en lui demandant de reprendre ses journaux pour en faire des livres (R. Fonvieille).

Lucien inscrit son courrier dans des échanges qu'il a avec son père puisqu'il évoque une discussion où Paul a dit *dernièrement que ces notes sont du "condensé" qui permettraient de faire un livre volumineux ;* Lucien écrit pour prolonger, de manière solennelle, un point de vue qu'il a pu défendre oralement : *"Ce livre, il faut le faire, il faut le composer."*

Paul a certainement le désir de se mettre à ce travail. Il en parle... Mais il a besoin d'être confirmé dans ses intentions. Lucien l'aide à lever toutes ses hésitations.

"Reims le 7 juillet 1932

Mon cher papa,

La remise officielle d'une médaille de bronze pour ton travail sur le 19 septembre ne doit pas se passer sans une marque nouvelle et toute spéciale de l'affection que te portent tes enfants.

Et comme il me sera impossible d'assister à cette cérémonie, tu pourras avoir par ce mot la preuve que les absents de corps sont bien présents de cœur.

Oui, pour nous, il y a une fierté très légitime de savoir que tu es récompensé par l'Académie de Reims et de cela nous te félicitons bien sincèrement.

Pourtant ce n'est là que la plus petite raison de notre joie de famille.

Car si c'est un mérite d'avoir une mention spéciale décernée par la société la plus autorisée de la Ville, pour une œuvre soignée qui a demandé une compétence littéraire réelle, combien plus grand, le mérite d'avoir vécu ce que tu as écrit ; et sois sûr que la fierté de tes enfants se repose surtout sur la belle conduite que tu as eu durant les années de guerre. De par la volonté de Dieu, tu étais exempt de toute obligation de service militaire, et pourtant les événements t'ont permis de bien prouver que seule, l'invalidité corporelle était en cause. Pour nous, (pour moi surtout) nous savons ce que tu pensais de cette impuissance à "servir", et toujours je me rappellerai cette réflexion qui a frappé mon cœur de 14 ans, lorsqu'un soir de mobilisation tu nous as déclaré : « Je ne puis aller défendre la patrie, mais si c'est nécessaire, nous irons moi et mes deux garçons défendre la Ville si les boches arrivent et qu'on demande du renfort. » Or, sans avoir à prendre les armes tu as montré combien tu étais capable de tenir ta promesse.

Mon cher papa, sache le, ce n'est pas encore de ces faits de guerre que nous sommes le plus fier. Ce dont nous te sommes le plus reconnaissant, c'est de t'être formé une âme capable de réaliser tous ces hauts faits. La guerre ! Dieu merci, elle est passée ; le bombardement ! Oui, il a duré 4 ans, c'était quelque chose ; mais enfin, n'est-il pas vrai, il n'eut tout de même qu'un temps. Tandis que grâce à ta trempe, à la force de résistance que tu as donné à notre nom — que tu étais seul à perpétuer — non seulement toi, mais tes enfants ont fait toujours et — si le Bon Dieu nous y aide — feront toujours leur devoir. Devoir de chrétien, devoir de Français, devoir d'apôtre. Et quelle joie de pouvoir dire cela franchement, sans avoir à laisser supposer la moindre exception.

Voilà la raison de notre vraie, de notre pleine, de notre toute légitime fierté.

Aussi c'est surtout Dieu que nous remercions ensemble, n'est-ce pas, car il faut se rappeler toujours que *sans Lui, nous ne pouvons rien faire.* Mais ce devoir accompli ; c'est bien à toi que va notre reconnaissance et si tu le veux bien, elle va à Maman comme à toi, car nous n'oublierons jamais que, tandis que le devoir t'obligeait à supporter les épreuves les plus dures de la guerre, Maman assumait du même coup les charges de notre éducation, et ceci en un temps bien difficile, étant donné l'âge que nous avions, que j'avais surtout.

Qu'en récompense de ce double devoir si difficile mais si bien accompli le Bon Dieu vous accorde de rester longtemps avec nous, qu'il vous fasse supporter courageusement les croix que vous avez encore à supporter — car la croix est inhérente à la vie surtout à la vie chrétienne — et que souvent il vous accorde des temps de repos. En tous cas, que toujours il vous garde dans ce couronnement du devoir accompli, avant-goût du bonheur céleste : la joie intérieure dans la paix du cœur.

Mon cher papa il faut maintenant que j'exprime un souhait qui découle tout naturellement de cette récompense que tu as méritée.

La médaille de l'Académie t'est remise pour le récit d'une seule journée de bombardement.

Et tu as de quoi en faire autant pour les 4 années de guerre. Eh bien, je souhaite vivement que tu entreprennes sans tarder de composer une œuvre de famille avec tes carnets de notes. Tu nous disais dernièrement que ces notes sont du « condensé » qui permettrait de faire un livre volumineux ; eh bien ce livre, *il faut le faire* il faut le composer.

Tu as toutes raisons pour entreprendre ce travail et aucune pour hésiter.

1) Tes notes sont suffisamment claires et précises pour te permettre de te mettre à ce travail chaque fois que tu auras un moment, le suspendre pour faire autre chose de plus pressé, le reprendre quand tu as quelques minutes devant toi.

2) Elles sont si personnelles, si familiales que le livre constituerait pour tes enfants un document de première valeur.

3) Toi seul peut assurer cet ouvrage. Tu en as le temps actuellement si tu veux, tes enfants ne pourront jamais le faire et encore, le feraient-ils, que leur travail n'aurait jamais la valeur de celui de l'auteur-acteur.

4) Penses bien que si tu ne faisais pas cela tes carnets risqueraient de rester inconnus ; ce seraient des notes qu'on sortirait dans des réunions, pour faire feuilleter rapidement les pages sans jamais les lire posément.

5) Si le travail est fait, qui sait, dans un certain temps, une revue rémoise comme par exemple le bulletin du diocèse ou *Reims magazine* ou autre ou même un journal local serait peut-être content d'en donner des portions pour rappeler avec exactitude "ce qui se passait à Reims, il y a 25 ou 50 ou 100 ans".

Par contre, aucune raison contre :

Ne dis pas "Je ne pourrai jamais venir à bout de ce travail" car ce qui sera fait sera fait et j'ai confiance que si tu t'y mets, tu l'achèveras.

Évidemment il n'est pas question d'éditer c'est une trop grosse affaire financière et qui ne profiterait qu'à peu de personnes — ces notes sont trop locales et personnelles.

Allons il faut te décider et te mettre à l'œuvre.

Mais ces dernières pages ne sont pas les principales. L'important, c'est que tu saches que nos cœurs — ceux de Maman, de Jean et les siens, Mady, Dédé, Nénette et le mien — battent à l'unisson de joie à l'occasion de la récompense que tu reçois aujourd'hui, et cela pour des motifs bien plus élevés encore que ceux qui ont décidé ces Messieurs de l'Académie à agir.

Maintenant je te demande d'excuser la triste façon dont cette lettre est écrite ; tu penses bien que je n'ai pu disposer de grand temps ni pour la concevoir ni pour l'écrire. Mon cœur a été plus vite que ma plume.

Ton fils prêtre t'embrasse bien fort.

Lucien Hess."

Il est donc probable que, dans ce début des années trente, au moment où il va se mettre à la version définitive de son livre, P. Hess, stimulé par la concurrence avec A. Chatelle, va envisager d'écrire un livre qui paraîtra un jour. Cependant, cette perspective ne constitue pas le cadre de son écriture. Il ne cherche pas un contrat. Il ne cherche pas à négocier un engagement avec un éditeur. Il n'est pas du milieu. J'ai raconté en détails, dans ma présentation à l'ouvrage, une tentative d'édition faite en 1936, et qui ne devait pas aboutir... En 1940, les événements amènent à nouveau Paul à envisager le pire. Une nouvelle guerre franco-allemande vient d'envoyer André sous les drapeaux et très vite en camp de prisonniers à Mosburg (Bavière). Plus tard, ce sera la déportation de son second fils, Lucien, à Dachau... Le 23 janvier 1940, il rédige une petite note manuscrite, intitulée *"La vie à Reims pendant la guerre 1914-1918",* qui nous éclaire sur ses intentions concernant l'édition de cet ouvrage...

Un exemplaire du tapuscrit, on l'a vu, fut mis à la disposition de lecteurs choisis qui pouvaient en demander consultation. Le premier à utiliser ce livre fut A. Chatelle qui termina en 1939 un ouvrage qui ne parut finalement qu'en 1951.

A l'époque où Paul écrit, l'université de Reims a disparu. Celle qui fut l'une des plus célèbres universités du moyen-âge a été rayée de la carte par Napoléon[1]... Il faudra attendre la fin des années soixante pour que, sous la tutelle de Nancy (pour les lettres) et Lille (pour le Droit), Reims retrouve une activité universitaire. Celle-ci sera dominée par la médecine et les sciences. En Lettres et en Droit, le nombre d'enseignants sera toujours inférieur. Cependant, le département d'histoire compte, dès le départ, parmi les plus importants de la Faculté des Lettres, notamment par le prestige de ses enseignants. Dans cette discipline, de nombreux grands professeurs parisiens ont enseigné d'abord à Reims.

Il n'est donc pas surprenant qu'un jour, un chercheur rémois ait pu "découvrir" le journal de Paul Hess. Cette découverte s'est faite dans un contexte un peu particulier. A la fin des années soixante-dix ou au tout début des années quatre-vingts, paraît dans *L'union* de Reims, un appel pour demander des témoignages sur la Guerre de 1914 à Reims, en vue de la rédaction d'une thèse sur le

1. Napoléon avait une haine de la "ville des sacres" qui était le symbole de la monarchie. Il choisit Châlons-sur-Marne comme préfecture de la Marne.

sujet. André Hess prêta donc son exemplaire du tapuscrit à François Cochet, non sans lui avoir présenté les carnets d'où était tiré ce livre.

Celui-ci exploita ce témoignage écrit en le confrontant à des témoignages oraux qu'il rassembla à l'époque auprès de témoins rémois de la guerre de 1914-1918. Une partie de la thèse est consacrée à l'analyse du texte de Paul Hess. Cette thèse, dirigée par Michèle Perrot, fut soutenue en 1983 à Paris VII.

F. Cochet écrit dans ce travail :

> "J'ai eu la chance, grâce à un second article paru dans la presse régionale, de pouvoir travailler sur un document dont l'intérêt est indéniable. Il s'agit d'un journal au jour le jour, tenu par un employé municipal de septembre 1914 à mars 1918, date... de l'évacuation totale de la ville. J'ai découvert ce document dans ma recherche de personnes à interviewer... Dès les premières lignes de ma lecture, l'intérêt de ce texte me parut beaucoup plus large qu'un simple rapport anecdotique. Il ressemble à bien des égards au *Journal d'un bourgeois de Paris*, ou sur la même période, mais au front, au journal tenu par Louis Barthas... Le document prétend répondre à une véritable méthodologie et c'est sans doute cet aspect qui m'a impressionné."

F. Cochet cite alors la page de méthodologie de l'avant-propos du livre de Paul (voir encadré *supra*) et continue :

> "La vision de M. Hess se situe dans la lignée des chroniques de Froissart — le rapprochement dut-il choquer —, dans la mesure où il s'agit de l'histoire d'une élite... Mais outre la quotidienneté que M. Hess décrit très bien, ce qui fait le principal intérêt de cet ouvrage, c'est d'une part les commentaires qui émaillent sa description, commentaires très importants pour la connaissance des réactions d'une certaine couche de la population et, d'autre part, le fait que M. Hess est "administratif" dans l'âme. Il a la passion de l'observation et du comptage. Dans la mesure du possible, surtout après l'évacuation de sa famille, il a voulu tout voir, comptabiliser le nombre d'obus tombés et les endroits où ils étaient tombés. Un esprit curieux donc, et une forme de rigueur qui consiste à étayer ses descriptions par des documents officiels — affiches, délibérations du Conseil municipal, et surtout lecture des

quotidiens qui paraissent encore à Reims, malgré l'omniprésence de la censure militaire qui fait se hérisser M. Hess[1]."

F. Cochet constate que ce document contient :

"un certain nombre de faits, d'observations irréfutables, datées et localisées, qui peuvent être d'un précieux secours quand il s'agira de les mettre en regard des informations contenues dans les interviews. Un document essentiel en tout cas qui, si un éditeur voulait bien s'y intéresser, rendrait de nombreux services aux historiens de la période[2]."

F. Cochet commente l'index qu'il ne veut pas citer *in extenso* pour éviter de lasser, mais il ajoute :

"Chaque événement qui a paru d'une quelconque importance à M. Hess fait l'objet d'une situation très précise dans le cadre chronologique[3]."

Ensuite, il compare les différentes versions des notes des carnets pris sur le vif avec celle plus travaillée des carnets intermédiaires.

"Les différences ne sont pas considérables, ce qui prêche en faveur de l'honnêteté intellectuelle de M. Hess[4]."

F. Cochet ajoute :

"Si j'ai insisté aussi longuement, c'est bien sûr parce que ce document... va constituer une référence sur bien des points. Il faut d'ailleurs insister sur un dernier aspect qui me semble fondamental à la bonne compréhension de l'attitude de cohésion de la famille Hess dans le long temps. Il y a incontestablement chez cette famille une tradition d'écriture étalée sur trois générations[5]."

1. Paul Hess rapporte surtout l'exaspération des journalistes eux-mêmes contre la censure. Je n'ai pas trouvé de passage du journal où il s'exprime personnellement sur cette question.

2. F. Cochet, *Rémois en guerre (1914-1918), Parole de témoins et sources écrites*, thèse, 1983, p. 33.

3. Il a été repris dans l'édition de l'ouvrage.

4. F. Cochet, thèse, p. 191.

5. F. Cochet, thèse, p. 194. En fait, cette tradition court sur plus de trois siècles.

F. Cochet voit bien l'importance de l'écrit dans notre famille. Le travail de P. Hess a suscité beaucoup de vocations dans les générations ultérieures... L'ethnologue Pascal Dibie, qui fut assez longtemps directeur de l'UFR d'ethnologie de Paris VII et directeur de la collection "Traversées" aux éditions Métailié, à qui je racontais la *saga* familiale me disait d'ailleurs dès 1976 que cette tradition familiale d'écriture mériterait en elle-même une thèse ou un livre...

Cinq dimensions de ce journal peuvent retenir l'attention :

1) C'est un fragment de *Livre de raison* d'une famille. De ce point de vue, le temps ne l'a pas altéré. Bien au contraire. Il devient un moment incontournable de l'histoire de la famille, de la constitution d'une identité personnelle de tous les descendants ou alliées de Paul. Plus généralement, il devient un élément d'histoire familiale au sens plus large...

2) C'est aussi un fragment d'"histoire locale". F. Cochet ou M. Crubellier, deux historiens rémois, l'ont souligné[1]. C'est un aspect tellement évident qu'il ne me semble pas nécessaire ici de le développer. Plus largement, il peut intéresser tous les historiens de la guerre de 1914-1918. En fait, ce livre pourrait servir de point de départ à une exploration du traumatisme que les Rémois ont subi en 1914-1918 et aider à sa liquidation... Je pense qu'il y a, à Reims, ce que j'ai nommé ailleurs "un complexe de Jeanne d'Arc" que j'ai pu identifier en 1990 au moment de l'affaire de la Boulangère de Reims[2]. Pour moi, ce complexe a trouvé son origine dans le contexte de la Guerre de 1914 où les Rémois se sont trouvés placés dans une situation "in-explicable" qui n'a jamais été parlée, vraiment.

3) Ce livre est aussi un vrai manifeste de recherche ethnographique. A une époque où l'anthropologie ne s'intéressait qu'aux pays "exotiques", Paul Hess propose une ethnographie de l'intérieur. C'est une posture hyper-moderne.

1. F. Cochet, *1914-1918, Rémois en guerre, l'héroïsation au quotidien*, Nancy, Presses universitaires de Nancy, 1993. Maurice Crubellier, *La mémoire des Français, recherches d'histoire culturelle*, Paris, Henri Veyrier, 1991, pp. 240-278.

2. Une femme tue un jeune maghrébin qui lui avait volé un croissant. Le jury populaire de la Cour d'assise de Reims l'acquitte ! A ce moment-là, je suis à Reims avec une équipe d'ethnologues. J'enquête... Depuis 1918, on peut remarquer qu'à Reims il y a un rapport à la vie et à la mort particulier, notamment dans le rapport avec les Étrangers.

4) Ce livre constitue encore une banque de donnée pour toute personne tentant de construire une "anthropologie interculturelle". Il est question de Français, d'Allemands. C'est la guerre. Comment se vivent les relations humaines en temps de guerre ? En véritable psychosociologue avant l'heure, Paul Hess décrit les dimensions individuelles, interindividuelles, groupales, organisationnelles, institutionnelles et leurs articulations.

5) Enfin, il s'agit d'une sorte d'analyse institutionnelle d'une ville en état de choc. Comment les hommes s'organisent-ils pour survivre ? Comment articulent-ils dans ce contexte de désorganisation les dimensions affectives, idéologiques, organisationnelles ?

En ce qui me concerne, je suis sensible à deux autres aspects.

Cet ouvrage peut aider à construire une "histoire de l'écriture périphérique", celle qui se transmet par d'autres canaux que ceux de l'école. Dans le contexte de crise de l'école actuelle, l'aventure de Paul Hess montre l'importance des transmissions domestiques en ce qui concerne la lecture et l'écriture (idée se trouvant déjà dans *Le voyage en Icarie*). Certes, Paul Hess a été un "très bon élève" de l'enseignement primaire. Mais il n'a pas d'autre formation instituée. Il acquiert donc sa compétence d'écrivain dans un autre milieu, notamment celui de la maison...

Concernant la dimension du journal, ce livre de Paul Hess est un manifeste. Il montre toutes les ressources du journal comme outil de description des faits sociaux. L'écriture "diaire" devient ainsi, chez nous, une pratique familiale.

Cette forme d'écriture est encore trop souvent associée aux "journaux intimes". Paul Hess montre que le journal peut être aussi un moyen d'organiser des observations de terrain qui n'ont rien d'intimiste. On écrit un journal intime pour soi. On peut aussi écrire un journal pour témoigner, faire œuvre d'ethnosociologue! C'est un outil ethnographique, anthropologique, sociologique... L'écriture du journal peut être utilisée dans des contextes très variés.

INTERLUDE 1

Extraits du journal *à propos de la rédaction du présent ouvrage*

Lundi 5 janvier 1998

PARUTION DU LIVRE DE PAUL HESS... A la fac, surprise : Francis Baudet, pour me remercier des ouvrages que je lui offre (mes propres travaux) m'a laissé dans mon casier, avec ses bons vœux pour 1998, un très beau petit cadeau : un livre de 1808 sur la pratique du journal. Cet homme est vraiment extra. Je rentre le soir et le dévore d'un trait en commençant par la fin (notes). Il s'agit de : *Essai sur une méthode qui a pour objet de bien régler l'emploi du tems, premier moyen d'être heureux ; A l'usage des jeunes gens de l'age de 16 à 25 ans ; extrait d'un travail général, plus étendu, sur l'Éducation*, par M.-A. J. (206 pages, à Paris, chez Firmin-Didot, 1808)... Dans sa lettre d'accompagnement, F. Baudet me dit qu'il s'agit d'un livre "passablement rare" bien qu'il existe une édition de 1810... (...)

Mercredi 7 janvier

Je me réveille à 5 h 30 avec des idées très précises en tête. Il me faut republier mon journal (original) de l'année 1982-1883. Cela permettrait au lecteur de voir les écarts entre le premier journal et celui que j'ai donné à lire en 1989. En 1988, je fais un travail de tri. J'organise mon journal autour de la vie au lycée... Mais il aurait pu être organisé autour de la vie intellectuelle (mon rapport à l'édition, aux articles que j'écris, etc.)... Aujourd'hui, je tiens des journaux différents en fonction de la thématique. A l'époque, je ne tenais qu'un "journal total"...

A opposer à la pratique de mon grand-père qui, lui, ne retranche pas, mais enrichi en 1932-1933 ses notes et impressions personnelles de 1914-1918 de documents (coupures de presse, affiches recopiées, photos) qu'il a rassemblés à chaud mais qui étaient archivés à côté, dans des dossiers... En fait, lorsque François Cochet dit : "Le journal de 1935 est différent du journal de 1914-1918", il se trompe. Il ne voit pas que ce que Paul Hess a en tête, ce n'est pas le fichier *notes et impressions*, mais les fichiers *notes et impressions + les dossiers coupures de presse rassemblées au jour le jour*... C'est cela son vrai journal et c'est cela qu'il met en forme lorsqu'on lui laisse le temps de le faire (lorsqu'il part en retraite), et surtout que son fils lui demande instamment de le faire (il faut publier dans mon livre la lettre de 1932 de Lucien que j'ai oublié d'utiliser dans ma présentation au livre de Paul).

Intéressant l'idée de tenir des journaux thématiques parallèles. Cette idée était déjà dans M.-A. J., 1808 !

Il faut que je me mette à l'écriture du livre sur le journal... René Lourau écrit des livres et en même temps il fait le journal de son livre (comme E. Morin). Moi, je fais des journaux et je tente de faire un livre qui donne la théorie des journaux que je fais... ou que je trouve dans les papiers de famille.

Mercredi 14 janvier

Hier soir, en sortant du théâtre où je suis allé voir *Dors, je le veux*, de Feydau (sur l'hypnose), pièce qui a causé à Lucette quelques insomnies, je me sentais fatigué. J'étais décidé, ce matin, à ranger mon bureau, à mettre en ordre mes papiers, à répondre au courrier. Je me suis levé à 6 h. Et aussitôt j'ai avancé mon livre sur la pratique du journal. Il devient intéressant. Je me pose une question importante : compte tenu de l'importance de la découverte du livre de M.-A. J. (1808) que je suis amené à citer très longuement (tellement le contenu est essentiel pour tous les passionnés de journaux et en même temps inaccessible), je me demande si je vais parvenir à rester dans l'espace de 220 000 signes qu'exige la collection "Ethnosociologie". Cela aurait l'avantage de bénéficier d'une grande diffusion. Cela aurait l'inconvénient de m'obliger à réduire un maximum ce que j'ai à dire sur cette question que je travaille depuis plus de vingt ans...

Lundi 19 janvier, suite

Je suis interrompu dans l'écriture de mon "journal des archives" par un coup de fil de Jean-Manuel Morvilliers qui me pose des questions pratiques par rapport au journal qu'il tient : celui de sa paternité. Il a une fille métisse de 10 ans (la mère est antillaise). Il écrit au jour le jour, depuis trois ans, ses problèmes de père... Il fait une thèse, à partir de cela, sous ma direction. Il me demande mon avis sur trois plans :

"1. Mon objet est-il la famille ou la paternité ?

2. Suis-je psychologue ou sociologue ? Quelle doit être ma discipline de référence ?

3. Je ne veux pas rendre public certains passages de mon journal. Cela implique trop ma fille. Je voudrais reprendre certains thèmes en les retrouvant dans d'autres journaux."

Avant de répondre à ses questions, je m'assure qu'il a bien reçu le livre de Paul (il en est souscripteur). Il en a lu la préface, c'est ce qui l'amène à poser sa première question. Il ajoute qu'il rencontre demain Philippe Lejeune, le spécialiste des journaux, puis R. Fonvieille (lui aussi souscripteur du livre) qui a écrit 700 pages de journal sur son métier de grand-père. J'explique à Jean-Manuel ma découverte du livre de M.-A. J. (1808) et ce que je suis en train d'en tirer. Puis je réponds à ses questions :

> "Ton objet est la paternité. Ta discipline de référence est l'ethnosociologie. Tu as raison de trouver une médiation pour dire ce que tu as à dire... sans impliquer ta fille..."

Mardi 20 janvier, 7 h

Je viens d'écrire mon *Journal de danse*. J'ai raconté ce qui s'est passé hier dans mon cours. Avant de retourner au *Journal interculturel* pour noter ma rencontre avec Driss d'hier matin (nous avons parlé du journal), je voudrais noter, ici, dans ce *Journal du livre sur le journal*, que j'ai sorti hier 120 pages ronéotées de mon *Journal de danse* (*Milonga 8*) en 50 exemplaires. Je l'ai tiré pour mes collaborateurs les plus proches. Et surtout pour moi. Je veux que cette suite du *Moment tango* m'aide à comprendre ma pratique actuelle du journal que je voudrais réfléchir dans les prochains chapitres de ce livre... Hier, j'ai encore donné trente pages à tirer de mon *Journal des archives*... En me réveillant, j'ai senti l'urgence de sortir un chapitre de la traduction (faite par Anne Vancra) non tapée du livre de Miguel Zabalza sur *L'utilisation du journal en formation d'enseignants*.

Vito d'Armento m'a téléphoné hier, de Lecce, pour me demander les coordonnées de M. Zabalza... Les grands esprits se rencontrent... Communication d'inconscient à inconscient ?

Il faut que je fasse vite, car ce matin j'ai une conférence à 9 h 30 à Orsay sur la pratique du journal !

*

Journée passionnante. Je parle de la technique du journal avec un groupe de 8 animateurs en formation très sensibilisés à cette question. Toutes les questions posées sont pertinentes. Peut-être ai-je trop parlé ? Ce qui m'a empêché de prendre des notes sur ce qui se disait. J'ai montré que, de par son fonctionnement actuel, l'école ne sait pas transmettre ce type de technique d'écriture qui reste, de fait, un savoir-faire de transmission domestique.

26 janvier-5 février

Je passe huit jours à la Réunion auprès de mon fils. Je n'ai pas grand chose à faire que de vivre avec lui. J'y retrouve Driss, aussi. Pendant qu'il dort (siestes), je tiens un journal intensif sur mes rapports à Romain (235 pages écrites à la main sur deux petits carnets). Faut-il le faire taper ? Cela pourrait intéresser Jean-Manuel... A l'université de la Réunion, je sors un état de mon livre sur *La pratique du journal* (62 pages dactylographiées) que je fais photocopier pour Driss Alaoui, Éliane Wolf, Michel Watin, Alexandra Weiland. Dans ce journal de la Réunion, je tente aussi de réfléchir à la question de l'indexicalisation.

7 février

Je travaille toute la journée sur *La pratique du journal*. En relisant B. Didier, puis A. Girard, j'identifie qui est M.-A. J. (Marc-Antoine Jullien, "secrétaire personnel de Chateaubriand", selon B. Didier). Profond plaisir de détenir et d'exploiter un livre non connu des "grands" du diarisme. Par contre, Girard connaît la seconde édition (qui possède 348 pages) et un autre ouvrage du même auteur qui semble avoir été déterminant dans la pratique de diariste de Maine de Biran (cf. Alain Girard, p. 173 et sv.) : *Mémorial horaire ou thermomètre d'emploi du tems (...) pour l'année 18...*, A. Milan, de l'imprimerie royale, 1813.

9 février

Hier, j'ai relu *Le journal de recherche* de R. Lourau. Je ne vois pas ce que je peux en tirer pour mon livre. Par contre, ce matin, j'ai lu le compte-rendu de J. Demorgon du livre de R. Lourau, *Implication/transduction* dans *Pratiques de formation* n° 34. Excellent. C'est de ce dernier livre qu'il me faudrait m'inspirer. La richesse du journal vient de sa transductivité... A développer.

Coup de fil de Dominique Deleau qui me dit qu'il a été "massacré" par J. Ardoino et G. Berger dans leur séminaire lorsqu'il a parlé de son travail sur le journal. Je le rassure... Je pense qu'ils n'ont jamais expérimenté cette technique. Deleau tient trois journaux simultanément. Intéressant. Il faut que je m'intéresse à ce qu'il produit.

Je suis aujourd'hui plongé dans la relecture de *Journal d'un livre*, d'E. Morin. Cela m'a donné l'idée de noter quelque chose aujourd'hui dans ce mini-journal de mon livre... Idée de dédier ce livre à Benoît, Marc et Francis. Pourquoi ? Francis m'apporte beaucoup. C'est un grand intellectuel. Il n'a pas la place qu'il mériterait. J'en parle à Alain Coulon. A la fac, Ben me dit qu'il fait tenir des débuts de journaux à ses enfants (6 et 8 ans)...

10 février

Réveil à 6 h. Je profite que Lucette dorme pour lire trois heures des extraits du journal d'Amiel. Passionnant. Il me fait mieux comprendre la différence entre le journal intime et le journal ethnosociologique.

Prise de conscience, en me réveillant, que je suis pris dans un dilemme qu'il me faut résoudre. D'une part, je veux publier rapidement un livre sur le journal ethnosociologique. En même temps, je le voudrais le plus complet possible. Or, j'ai rassemblé au fil des ans de nombreux livres dans ma "caisse à livres sur le journal" que je n'ai pas encore exploités alors que j'arrive aux cent pages qui me sont données par le cadre de ma collection... La solution serait d'écarter de cet ouvrage tout ce qui touche au journal de formation. En effet, avec M. Zabalza, j'ai de quoi refaire un nouvel ouvrage : *Le journal de formation*. Il faut que j'en parle à Lucette. Accepterait-elle ce projet dans sa collection ? Cela me permettrait de continuer à écrire des journaux, le temps de mener à bien ce second volume... Comme Amiel, je prends énormément de plaisir à écrire mon journal (mes journaux), mais, comme lui, j'ai conscience que c'est passer à côté d'autres projets plus construits. Je veux écrire, dans les mois qui viennent, des livres construits. Amiel ne s'en sentait pas la force. Moi, si.

Au lieu de lire les journaux de mes étudiants, je passe l'après-midi à dévorer *Et il fallut apprendre à écrire à tous les petits Français, histoire de la grammaire scolaire*. Ce livre d'André Chervel (qui est-ce ?) renforce mes théories sur l'éducation publique (française) et la nécessité de défendre une éducation domestique... Il faudrait que je sache si l'auteur vit encore. Le rencontrer. Il montre que l'école, au XIXe siècle, n'a jamais enseigné l'expression française, mais seulement l'orthographe. Pareil au XXe. On a en tous l'intuition. En fait, mon idée (qu'il m'est interdit d'exprimer en France) selon laquelle l'école obligatoire a désappris à lire et à écrire à tous les petits Français trouve là sa démonstration minutieuse... Le journal est un outil anti-scolaire.

Mercredi 11 février

Discussion avec le psychosociologue André Lévy. Je lui parle de mon écriture sur l'écriture. "C'est du passé", me dit-il. "Aujourd'hui, les jeunes n'écrivent plus." Il me parle des téléphones portables...

Je lui dis que le Web (Internet) oblige à écrire. Il trouve que ce n'est pas une vraie écriture dans la mesure où l'on s'écrit des messages très brefs, sans réflexivité. Je ne suis pas sur de ce qu'il exprime. A creuser.

Jeudi 12 février

Bernard Charlot me téléphone. Je lui dis que je pense beaucoup à lui en écrivant mon livre sur le journal.

"Pourquoi ?"

Je lui rappelle que nous nous sommes disputés en réunion de DEA à propos de l'utilité du journal...

Il me réexplique sa position :

"Le journal peut être un outil pour la recherche, mais il n'est pas le rendu de la recherche."

Personnellement, je pense que je journal est la recherche. Même si le rendu final prend une autre forme. C'est dans le journal que s'opère les transductions créatives, les rapprochements de faits relevant de logiques différentes... Il faudrait que j'ajoute B. Charlot sur la liste des destinataires du livre.

Discussion à poursuivre.

Lucette lit ce journal du journal.

Sainte-Gemme, vendredi 13 février

Je reçois Fabrice Littamé, journaliste à *L'Union* qui vient me rencontrer au sujet de l'article qu'il prépare sur le livre de Paul Hess. Il a voulu me rencontrer chez moi... Littéraire, il a commencé une recherche sur G. de Nerval... Il s'intéresse à ma pratique de journal et souligne la tension qui m'habite entre la passion du désordre (il me trouve plus "anarchiste" que mon grand-père, au moins par les sujets que j'étudie) et une organisation méticuleuse de mon temps et de mon écriture... Je lui fais découvrir mes archives, ma bibliothèque... Avant son arrivée, et après son départ, je relis cet ouvrage que je corrige attentivement.

Samedi 14 février

Dans le livre de Louis Porcher et Martine Abdallah-Pretceille, *Éthique de la diversité et éducation* (PUF, 1998, L'éducateur, 213 p.), je lis au paragraphe "L'éducation comparée, outil pour la diversité" (p. 167) :

> "Un peu d'histoire. C'est Marc-Antoine Jullien de Paris qui est considéré comme le fondateur de la notion il y a près de deux siècles. Il indique explicitement que les systèmes d'éducation auraient beaucoup à bénéficier de se connaître l'un l'autre puisqu'ils reposent sur des principes, des objectifs, des savoirs, et des méthodes qui varient d'une société à l'autre. De même, dit-il, que l'anatomie comparée est désormais devenue une dimension constitutive de l'anatomie, et a fait progresser celle-ci, de même l'éducation comparée est une semence pour l'éducation en général."

Aucune référence à Jullien. Seulement à Le Tranh Khoi, *L'éducation comparée*, 1982 qui semble l'avoir utilisé. Ouvrage à consulter (je l'ai dans ma bibliothèque de Sainte-Gemme).

Long coup de fil de Josette Poinssac, agrégée d'histoire et professeur à Paris II, qui a lu, dans le détail, le livre de Paul Hess. Elle aurait aimé une annexe supplémentaire : une table chronologique des grands événements de la guerre pour accompagner la lecture locale de Paul... Très bonne remarque. En tenir compte dans la prochaine édition.

Dimanche 15 février

Je me demande si "La pratique du journal" est un bon titre pour ce livre. Pour Hubert de Luze, il n'apparaissait pas explicite. Dois-je plutôt choisir *Le journal ethnosociologique* ?

G. Lapassade est hospitalisé à Brousset. En réanimation. Lucette, aussi, est malade.

Lundi 16 février

Je veux terminer ce livre aujourd'hui. C'est la seule solution pour qu'il paraisse avant l'été... Je le relis. Je colle ici un morceau que je ne veux pas laisser dans le chapitre sur Paul, mais que je ne veux pas perdre, car il montre que j'aurai pu faire une liste des journaux ethnosociologiques importants (je ne l'ai pas fait, ma bibliographie représentant plutôt les livres lu durant l'écriture de ce livre) :

A l'époque où Paul mène son observation de terrain, un autre diariste produit également un "journal ethnographique". Celui qui va devenir le grand ethnologue que l'on connaît aujourd'hui, Bronislaw Malinowski, se trouve hors d'Europe lorsque la guerre survient et il décide alors de rester sur ce terrain exotique qu'est l'Australie. Comme Paul Hess et au même moment, mais dans un autre lieu, il rédige entre 1914 et 1918 un journal de terrain. Celui-ci lui servira de "banque de données" pour rédiger *Les Argonautes du Pacifique occidental* (1922)[1]. B. Malinowski n'envisage pas la publication de son journal. Bien au contraire, il le cache. Ce n'est qu'après sa mort qu'il sera donné à lire[2]. Comme le montre René Lourau, entre le *Journal* et *Les Argonautes*, il y a le passage d'un travail ethnographique à l'ethnologie.

Jean-Manuel téléphone. Je me promets de lui porter à 15 h la version définitive de ce livre que je vais photocopier à l'université avant de le remettre à l'éditeur.

1. Traduction française parue chez Gallimard en 1963 dans la collection "L'espèce humaine" dirigée par Michel Leiris.
2. B. Malinowski, *Journal d'ethnographe*, 1914-1918, tr. fr., Le Seuil, 1985.

Deuxième Partie

Formes et méthode de la technique

Chapitre 5

LE JOURNAL, OUTIL D'ANALYSE INTERNE

DANS LES ANNÉES SOIXANTE-DIX, je mène de front la découverte de la pratique du journal comme question théorique et le développement de l'analyse institutionnelle. En fait, dès 1976, ayant pris conscience qu'il y a une ressource exceptionnelle dans le journal pour mener à bien l'analyse institutionnelle des établissements dans lesquels on travaille, j'enseigne le journal comme "outil d'analyse institutionnelle". Mais cette idée était déjà présente, implicitement, dans le mouvement avant que je ne l'explicite. Quels sont les grands moments de la réflexion de l'analyse institutionnelle sur l'analyse interne, la socianalyse participante, l'ethno-analyse des institutions et quelles sont les formes d'écriture que ce mouvement a développées ?

1) Au départ du mouvement de l'analyse institutionnelle, il y a le contexte de la psychothérapie institutionnelle. Pour Tosquelles, l'un des fondateurs de ce mouvement, "il convient de soigner l'institution de soin". Ce programme est développé dans la formule :

> "Il convient avant toute chose de soigner l'hôpital en désaliénant les rapports sociaux, en tenant des réunions avec les malades, avec les infirmiers, en impulsant des coopératives, des clubs intrahospitaliers."

Ces lieux d'analyse visent d'une part à débureaucratiser l'institution, d'autre part à aider à la mission thérapeutique de l'hôpital.

Car la réforme va susciter des tensions. Mais ces tensions, il va falloir les "expliciter, les éclairer de manière à les orienter vers leur résolution", comme l'explique Daumezon, autre fondateur du mouvement, qui explique :

> "Tout doit se passer, en principe, dans le cadre des groupes sociaux, de telle sorte, par exemple, qu'aucune interprétation personnelle ne soit fournie au sujet, mais des interprétations collectives."

Parallèlement à ce travail d'intervention, les "institutionnalistes" écrivent beaucoup. Ils notent au fur et à mesure leurs hypothèses, leurs expériences, les résultats qu'ils accumulent... La grande quantité d'articles qu'ils écrivent (et qui deviennent ensuite des livres) sont une sorte de méta-journal de leur activité interventionniste.

2) Dans le contexte de la pédagogie institutionnelle[1], première manière (1962-1968), le travail se développait moins au niveau de l'établissement que de la classe. Encore que l'autogestion de la classe n'était pas sans effet analyseur sur l'ensemble de l'établissement. A Genevilliers, la présence de R. Fonvieille, mais aussi de Bessières dans une classe voisine, transformait l'expérience groupale en lui donnant une dimension institutionnelle même si cette dimension n'était pas centrale dans la pédagogie mise en place... Dans ce contexte, aussi, l'écriture tient une place extraordinaire. Je le découvre en rencontrant R. Fonvieille en 1974 qui me raconte qu'il tient un journal de son action pédagogique chaque jour depuis vingt ans. Je me mets alors dans la tête de lui faire publier ces journaux. Il les retravaillera dès son départ en retraite. Ils ont commencé à paraître[2].

---

1. La pédagogie institutionnelle fait l'objet aujourd'hui d'une redécouverte et d'une réélaboration. Citons : Jacques Pain, *La pédagogie institutionnelle d'intervention* (Matrice, 1993) ; Georges Lapassade, *Guerre et paix dans la classe, la déviance scolaire* (Armand Colin, 1993) ; Patrick Boumard et Jean-François Marchat, *Chahuts, ordre et désordre dans l'institution éducative* (Armand Colin, 1994) ; Jacques Ardoino et R. Lourau, *Les pédagogies institutionnelles* (Presses Universitaires de France, 1994, "Pédagogues et pédagogies") ; et sur l'expérience de R. Fonvieille : Ahmed Lamihi, *De Freinet à la pédagogie institutionnelle ou l'école de Genevilliers,* (Ivan Davy, La Botellerie, 49320 Vauchrétien, 1994).

2. Raymond Fonvieille, *L'aventure du mouvement Freinet*, Paris, Méridiens Klincksieck, 1989, coll. "Analyse institutionnelle" ; et *La naissance de l'autogestion pédagogique*, Paris, Anthropos, 1998, coll. "Exploration interculturelle et science

3) Entre 1973 et 1993, G. Lapassade, titulaire d'un poste d'enseignant à l'université, développe une action d'analyse interne à Paris VIII où il joue sur la liberté locale, en s'appuyant sur les "institutions externes" (les nouvelles lois ou réformes nationales), pour créer de nouvelles institutions internes (départements, modules, cursus...). Les tensions que ces institutions internes qu'il met en place suscitent alimentent une production réflexive dans les réunions institutionnelles ou dans son journal ainsi que dans des textes qu'il distribue sous forme dactylographiée avant qu'ils ne prennent la forme plus accomplie de numéros de revues ou de livres.

4) Ce travail trouve, à partir de 1976, une prolongation dans mon travail d'élaboration de la méthode du journal institutionnel comme "outil de l'analyse interne", une sorte de manière de rédiger des monographies (par l'écriture quotidienne) des établissements où exercent les étudiants de sciences de l'éducation. Ces monographies peuvent faire l'objet de diffusion interne dans les établissements et ainsi aider à conceptualiser l'analyse interne locale. Cette méthode que je pratique au lycée de Drancy entre 1981 et 1983 est illustrée dans mon ouvrage *Le lycée au jour le jour, ethnographie d'un établissement d'éducation* qui reste pour moi un témoignage très fort de cette recherche menée par de nombreux praticiens de l'éducation sur le lieu de leur pratique sociale sans faire appel à des intervenants extérieurs...

5) Ce travail prend alors une extension nouvelle grâce aux interventions politiques dans le champ éducatif pour faire surgir la dimension de l'établissement comme niveau important du travail éducatif et social. Les années 1982-1988 voient la création des MAFPEN, la publication des rapports Prost sur les lycées et Legrand sur les collèges et la mise en place de la rénovation des collèges. Les expériences d'analyse interne se multiplient sous pression des textes officiels : chaque école, chaque collège, chaque lycée doit produire "son projet d'établissement". Même si, dans nombre d'établissements, ce projet est rédigé par le chef d'établissement, rapidement, sans concertation, dans un nombre non négligeable d'écoles, de collèges ou de lycées, un véritable travail de

---

sociale". R. Fonvieille a aussi publié : *De l'écolier écœuré à l'enseignant novateur*, Ivan Davy, 1996, dans la collection "Itinéraires" que dirige Ahmed Lamihi.

réflexion s'engage. "Que faisons-nous ensemble ? Que voulons-nous faire ? Quels sont les besoins des élèves ?"... Tout ce travail qui se mène dans l'éducation a son pendant dans le travail social ou même dans l'entreprise... Les références à l'analyse institutionnelle comme ressource conceptuelle n'est pas toujours explicitée. Parfois, ce travail s'inspire de l'analyse organisationnelle, de l'analyse systémique... Mais dans un certain nombre de lieux, l'analyse institutionnelle est clairement affirmée pour penser les processus d'analyse interne en cours. Le journal est utilisé dans un certain nombre d'expériences.

6) On en vient même, pour appuyer ce travail d'analyse interne, à réinventer des métiers d'intervenant "interne-externe". C'est le cas des "pilotes de collège" dont le métier émerge à l'intérieur de plusieurs académies. Sur cette pratique très originale, le numéro spécial de *Pratiques de formation* sorti en novembre 1993 sur *Formation et changement en éducation, la pratique du pilotage* est une réflexion approfondie sur les liens entre analyse interne et analyse externe. Ce numéro est le produit d'un travail collectif d'analyse interne des pilotes de l'Académie d'Orléans-Tours que j'ai aidés à travers une action de formation permanente qui s'est développée sur plusieurs années et qui a produit des effets en chaîne au niveau de dispositifs d'analyse mis en place[1]. Auparavant, pendant deux ans, aidé par J.-A. Bizet, j'ai stimulé ces "pilotes" à écrire leur journal institutionnel.

7) R. Lourau suit durant ces vingt dernières années une voie originale. Il explore un certain nombre de notions clés qui enrichissent l'analyse institutionnelle. Durant cette période, pratiquement dans tous ses livres, il donne à lire le journal de sa démarche de recherche, le journal d'écriture de ses livres. Son invention du concept de transduction est essentielle pour la compréhension de la logique particulière qui se développe dans la démarche de "découvreur" du diariste.

8) Enfin, s'appuyant sur des pratiques diverses, il faut mentionner le travail de théorisation de l'analyse interne qui est resté une des caractéristiques de toute une équipe du département des

---

1. Voir en particulier Anne Vancraeÿenest-Ghienne, "La découverte de la dimension d'établissement dans la sociologie d'intervention", in R. Hess et A. Savoye, *Perspectives de l'analyse institutionnelle*, Méridiens-Klincksieck, 1988.

sciences de l'éducation de l'université de Paris VIII qui a travaillé autour de G. Lapassade. On voit émerger ce groupe en janvier 1980 dans un atelier du colloque "chercheurs et praticiens" qui a eu lieu à Vincennes, juste avant le déménagement de l'Université de Paris VIII à Saint-Denis[1]. On retrouve ce groupe dans le numéro 9 de *Pratiques de formation*, consacré à la pratique du journal, puis dans diverses publications. Parmi les chercheurs qui émergent de cette mouvance autour de G. Lapassade, il faut mentionner : A. Coulon qui s'orientera, sur les conseils de G. Lapassade, sur la voie de l'ethnométhodologie puis de l'interactionnisme[2] ; Patrick Boumard qui théorisera les liens entre analyse interne et analyse institutionnelle dans un livre difficile (au moment où il est paru) mais qui peut être redécouvert : *Les savants de l'intérieur, l'analyse de la société scolaire par ses acteurs*[3]. Ce livre s'appuie sur l'ethnographie de l'école anglaise et américaine. Il parait après *L'Université en transe*[4] (1987) qui peut être vu comme un manifeste pratique de cette équipe, et dont toute une partie est écrite à partir de l'exploitation de journaux institutionnels d'étudiants.

ANALYSE INTERNE ET SOCIANALYSE PARTICIPANTE

La parution de la nouvelle édition du "Que sais-je ?" sur *L'analyse institutionnelle*[5] enregistre ce travail de l'analyse interne. Antoine Savoye y a introduit une théorisation de ce que nous nommons "la socianalyse participante". Mettant en relation l'analyse interne avec les formes de l'observation participante concep-

1. Les travaux de cet atelier sur l'"analyse institutionnelle en tant qu'analyse interne" ont été publié dans un numéro spécial de *Pratiques de formation*, colloque "Chercheurs et praticiens", juin 1983.

2. A. Coulon, *L'ethnométhodologie*, ("Que sais-je ?", 1987) et *Ethnométhodologie et éducation*, Presses Universitaires de France, "L'éducateur", 1993. Son dernier livre : *Le métier d'étudiant*, PUF, 1997 parle du journal comme outil d'affiliation de l'étudiant à l'université.

3. Paris, Armand Colin, "Bibliothèque européenne des sciences de l'éducation", 160 p., 1989.

4. P. Boumard, R. Hess, G. Lapassade, *L'université en transe*, Paris, Syros, 1987.

5. R. Hess, A. Savoye, *L'analyse institutionnelle*, "Que sais-je ?", n° 1968, 1993. Cet ouvrage est à mettre en relation avec R. Hess, M. Authier, *L'analyse institutionnelle*, "L'éducateur", 1994 (qui est une reprise de la première version du "Que sais-je ?" paru en 1981). La comparaison des deux textes permet de mesurer le chemin parcouru en douze ans sur le terrain de l'analyse interne.

tualisée par Peter et Patricia Adler, nous montrons que l'expression d'"analyse institutionnelle interne" recouvre en fait des pratiques socianalytiques que l'on peut différencier selon la place qu'occupe le socianalyste vis-à-vis de la réalité qu'il analyse :

- la socianalyse participante complète (P. Boumard et son *Conseil de classe*[1] de 1978 ; ou moi-même avec le *Lycée au jour le jour*), c'est l'analyse interne ;
- la socianalyse participante active peut être illustrée par les interventions de G. Lapassade à l'intérieur des mouvements sociaux. Exemple : son implication dans le Hip hop, telle qu'il la décrit dans *L'ethnosociologie*[2] ;
- la socianalyse participante périphérique est celle où l'intervenant est encore plus distant par rapport à ce qu'il analyse (positionnement que J. Guigou affectionne lorsqu'on lit son œuvre)[3].

La notion d'analyse interne désigne un champ de recherche particulièrement vivant de l'analyse institutionnelle, très proche dans sa forme radicale (socianalyse participante complète) de la "nouvelle recherche-action" des Anglo-Saxons. La crise généralisée du système institutionnel que nous vivons aujourd'hui pourrait en amener de nouveaux développements. L'originalité du courant français est l'emploi systématique du journal, ce qui semble rare chez les ethnosociologues anglo-saxons.

L'ETHNO-ANALYSE DES INSTITUTIONS

Aujourd'hui, professeur de sciences de l'éducation à Paris VIII, dans le prolongement du travail d'exploration de G. Lapassade, je me propose de faire tenir ensemble plusieurs perspectives. Je veux confronter les concepts de l'AI avec les recherches menées dans d'autres pays sur le terrain de l'ethnographie, de la recherche-action, de l'observation participante appliquées aux institutions

1. Paru chez Stock.
2. G. Lapassade, *L'ethnosociologie*, Méridiens Klincksieck, 1991.
3. R. Hess, A. Savoye, *L'analyse institutionnelle*, "Que sais-je ?", n° 1968, 1993, pp. 112 à 119.

éducatives et au monde des jeunes[1]. Mais en même temps que je reprends, en les critiquant, des recherches menées ces dernières années sur le terrain de l'ethnographie, je veux montrer leur tendance à privilégier l'analyse de l'ici-et-maintenant sur le devenir. Pour moi, l'analyse suppose la description de l'ici et maintenant, mais en situant les contradictions d'aujourd'hui dans leur contexte passé. A quel moment ont émergé telle ou telle contradiction? Comment se sont-elles développées ? Comment influencent-elles le vécu institutionnel d'aujourd'hui ? Comment déterminent-elles la construction des situations d'aujourd'hui ? Derrière cette utilisation que je prétends faire de l'analyse régressive-progressive, fondée par H. Lefebvre et utilisée par J.-P. Sartre, je veux opposer au concept de situation celui de *moment* (qui a le mérite de prendre en compte l'épaisseur temporelle de la situation).

Par ce moyen, je parviens à dépasser l'opposition apparente entre l'exigence de G. Lapassade de coller à la description du vécu quotidien et l'exigence de R. Lourau de garder une perspective macrosociale et historique[2]. Tout en travaillant en situation, en m'appuyant sur les sources ethnographiques, je veux relire un auteur comme H. Lefebvre dont l'actualité dans le débat me semble forte[3] et replacer l'enquête ethnographique dans une analyse historique (méthode régressive-progressive)[4]. C'est la lecture des institutionnalistes allemands (G. Prein, G. Weigand) mais aussi de spécialistes de sciences de l'éducation allemands (notamment ceux qui publient autour de H. Sünker) qui m'ont fait découvrir l'oubli massif que l'on a en France de l'œuvre de H. Lefebvre qui permet de donner des perspectives à une approche ethnographique qui reste trop souvent structuraliste.

Cela entraîne la nécessité de redéfinir les termes utilisés pour qualifier le travail en cours : *analyse interne* est trop vague, *socianalyse participante* trop récent et peu repris. Je propose *ethnosociologie des institutions*. Cette étiquette permet de donner les deux

1. Voir comme illustration de ce nouveau type de recherche R. Hess, G. Weigand, *La relation pédagogique*, Armand Colin, 1994 où je discute le concept de *définition de la situation* pour lui opposer le concept de *moment*.

2. R. Lourau, *La clé des champ, introduction à l'AI*, Paris, Anthropos, 1997.

3. Notamment les 4 chapitres de *La somme et le reste* (Méridiens Klincksieck, 1989), consacrés à la théorie des moments.

4. Voir R. Hess, *Henri Lefebvre et l'aventure du siècle*, Métailié, 1988, 356 pages.

dimensions de notre travail actuel à l'intérieur des institutions : description et analyse.

Le journal ethnosociologique apparaît comme un moyen privilégié de recueil de données intégrant à la fois la description des situations et la mise au jour des moments. Le journal permet de consigner durant une période plus ou moins longue le vécu institutionnel avec ses conflits, ses questions... Bien qu'il soit dans sa situation d'écriture une observation de l'ici et maintenant, la capitalisation de cette mémoire de l'ici et maintenant permet d'identifier des situations répétitives, des formes sociales structurantes de la pensée, du vécu et de l'action : les moments[1].

1. Je projette de développer cette notion dans *La théorie des moments.*

Chapitre 6

LE TRAVAIL D'INDEXICALISATION

"Rien ne peut contribuer davantage à obvier aux inconvénients et aux difficultés qui embarrassent un esprit sans ordre et sans règles, que l'arrangement et la disposition régulière de nos pensées dans un journal bien ordonné, qui, en présentant de suite une foule d'idées précises sur un point intéressant, serve à écarter, à supprimer une foule de notions étrangères au sujet, et à fixer l'attention sur le vrai point que l'on veut méditer."

John Locke, *Lettres sur l'étude*, vol. 8, Londres, 1742-1752.

"Goûter à tout en critique friand n'est que dilettantisme ; et vingt dilettantes ne comptent pas autant qu'un seul artiste. Faire une chose a plus de prix que de parler de mille... Ce qui dure, ce qui peut résister à la mort, surtout ce qui est fécond, voilà l'essentiel."

H. F. Amiel, *Journal intime*, 9 août 1880

On sent en lisant Amiel qu'il a l'impression désagréable de s'être englouti dans son journal. Il a écrit sur tout, mais il n'en a rien fait. Il a la nostalgie de ce qu'il aurait pu produire : "Qu'importent les 16 300 pages de ce Journal ! Une nouvelle de Mérimée, un article de Sainte-Beuve, une lettre de Doudan comptent davantage, puisqu'ils sont écrits, publiés et d'un style achevé", écrit-il ce 9 août 1880... En fait, il existe un moyen pour utiliser un journal, pour s'en servir comme d'une mine d'où l'on tire le minerais permettant d'élaborer l'œuvre, c'est le travail d'*indexicalisation* auquel se sont livrés ceux que nous percevons comme des précurseurs du journal ethnosociologique.

L'hyper-texte que l'on construit pour accéder au contenu du journal, la table des matières de Locke, l'index, la table alphabétique et analytique de Paul Hess... sont des outils précieux car ils permettent de réunir des faits, observations, réflexions... ayant traits au même objet. Cela demande, pour l'auteur une prise de distance, à un moment donné pour relire son journal et appliquer à tous les fragments du journal des labels, des mot-clés qui permettent de regrouper dans une table analytique les thèmes qui se dégagent du journal... Ce travail d'indexicalisation demande un travail spécifique sur le journal considéré alors comme point de départ, comme corpus dont on cherche à faire l'analyse...

Il existe une différence entre l'index thématique et la table analytique. L'index ne prend en considération que les occurrences des mots utilisés. Pour les noms de personnes citées ou les noms de lieux, l'index est suffisant. Avec les programmes modernes de traitement de textes, il suffit d'indiquer grâce à une touche particulière les mots que l'on veut indexer. L'index se fait alors automatiquement.

Mais pour les thèmes traités, il me semble que l'index (occurrence de mots) ne fonctionne pas. Il n'est pas suffisant. Je me suis confronté à cette question lors de l'enrichissement de mon *Lycée au jour le jour*. Il peut arriver qu'un mot n'apparaisse pas dans un paragraphe où il est question du sujet que ce mot synthétiserait. L'auteur de la table analytique doit donc réfléchir pour construire lui-même cette table réflexive...

Au XIXe siècle, les auteurs d'ouvrages importants (et pas seulement des journaux) faisaient ce type de travail. La "table alphabétique et analytique des matières contenues dans *Le voyage en Icarie*" ne compte pas moins de 31 pages. E. Cabet peut se contenter à "Accouchement", par exemple, de renvoyer uniquement à des numéros de page : 115, 118, 119. Mais pour "Agents provocateurs", il rédige une analyse détaillée : "Ils peuvent se qualifier *Frères*, et *Communistes*, etc., 563. - L'Aristocratie les prend dans les plus mauvaises parties du Peuple pour trahir et perdre l'autre, 329.

- Exemple d'un infâme agent provocateur, 226." Dans ce cas, l'analyse rompt même avec l'ordre chronologique des occurrences thématiques... Évidemment, un ouvrage bénéficiant d'un tel outil permet d'être lu de manière sélective très rapidement. On trouve le même travail dans *La méthode sociale* de Frédéric Le Play[1] qui offre ainsi une analyse de contenu des 6 tomes des *Ouvriers européens*.

M.A. Jullien a déjà réfléchi à cette question en 1808. Il écrit dans une note intitulée "Il faut savoir diviser et réunir pour créer" :

> "C'est par la double action, toujours combinée, de *diviser* d'abord, et de *réunir* ensuite, de prendre isolément chacun des faits et des élémens d'une science, pour les associer et les coordonner, qu'on parvient à créer un vaste ensemble et un solide édifice." (p. 67)

C'est de cette *loi de la division et de la réunion* que

> "dérivent, en philosophie, les deux grandes méthodes, connues sous les noms d'analyse et de synthèse, qu'on a peut-être trop employées séparément, au lieu de les combiner... La division et la réunion sont deux principes générateurs, qui doivent se combiner et agir simultanément pour produire. L'homme qui ne fait que *diviser* se noie dans les détails et n'a point de vue d'ensemble. Celui qui ne songe qu'à *réunir* ne trouve que des masses, et ignore les principes constituans des corps, ou des choses qu'il doit employer. Un *juste milieu en tout* est donc nécessaire... Une sage combinaison, un heureux mélange de ces deux actions de *diviser* et de *réunir*, produisent le même résultat que la différence et la combinaison des deux sexes, qui se rapprochent, s'unissent, s'identifient pour créer. On ne donne naissance à un nouvel être, dans le monde physique, moral, intellectuel, social et politique, que par l'application bien entendue des deux principes de *division* et d' *union. Discordia concors* : Voilà le germe de la vie, l'ame du monde." (p. 68)

Le travail d'indexicalisation demande une extériorité et en même temps une intériorité par rapport au contenu d'un texte. Il faut appliquer la même étiquette aux situations proches que l'on

1. 1879, rééditée en 1989 chez Méridiens Klincksieck.

veut labelliser. A la lecture d'une table alphabétique et analytique, davantage encore que d'un index, on s'aperçoit du sens d'un ouvrage à travers les thématiques qui s'en dégagent. Ce travail se fait par plusieurs lectures du texte, par approximations successives. En même temps, cela doit se faire dans une période rapprochée pour que l'on ait toujours à l'esprit le concept unificateur d'un même type de problème abordé...

La lecture de la table alphabétique de Paul Hess ne laisse aucun doute concernant la rédaction d'un brouillon que l'auteur a ensuite fait disparaître lorsqu'il a mis au propre sa table considérée comme définitive. La lecture de cette table alphabétique (non datée) du troisième carnet de Paul Hess (qui ne figure plus dans la troisième version manuscrite ou tapuscrite de 1935) est passionnante parce qu'elle montre au chercheur expérimenté, au praticien de la technique du journal indexicalisé, les items, les idées forces que retient l'auteur de son propre travail.

Mais ce travail nous montre aussi que l'auteur d'une telle table avait plusieurs possibilités au moment de la rédaction finale de son ouvrage. Ou bien il gardait la forme du journal en privilégiant la chronologie (solution retenue par Paul Hess), ou bien, partant des thématiques dominantes de son texte, il construisait un livre avec différents chapitres, puisant dans son journal, alors considéré comme *corpus* ou base de données, la substance et le contenu de son livre. Quand Paul se met au travail pour rédiger la dernière version de son texte vers 1932, il a résolu cette question méthodologique de la forme à donner à son exposé. Le choix qu'il fait de garder la forme d'un journal qu'il enrichit de coupures de journaux de l'époque (rassemblés dans un dossier) et de quelques ajouts faits à partir de documents postérieurs correspond à une décision d'auteur.

Comment peut-on l'expliquer ? Je pense qu'il y a chez Paul le désir de l'ethnographe de rester le plus près possible de faits qu'il refuse d'interpréter. Il a pu craindre de perdre la valeur intrinsèque de son travail de terrain. C'est à mon avis ce parti-pris qui rend ce document "trans-historique". Il laisse à ses lecteurs, à quelque époque que ce soit, la liberté de construire les interprétations qu'ils peuvent souhaiter. Lui, l'auteur, l'observateur, l'enquêteur, il se contente de décrire.

Béatrice Didier pense que dans le journal intime, il y a une sorte de paresse de l'écrivain... Quand on écrit des œuvres importantes, on n'écrit pas son journal, dit-elle à propos de Stendhal. En fait, pour elle, le journal serait le retour à une forme de "refuge matriciel"... Il est bien évident que cette analyse psychanalytique qui peut avoir une certaine portée pour des écrivains qui se complaisent dans l'écriture de leur journal intime (on s'en rend compte avec Amiel) ne s'applique pas à ceux des diaristes qui cherchent, non pas à "inventer leur moi", mais à construire un objet, un terrain à élaborer, une recherche sur un terrain nouveau... Dans le journal ethnosociologique, le diariste ne cherche pas à se mettre au centre, à se raconter... Il veut d'abord raconter au jour le jour ses trouvailles. Cette perspective est déjà celle de M.-A. Jullien. Elle est encore celle de Paul Hess.

En ce qui me concerne, je sais qu'il est difficile de faire une coupure étanche entre le journal intime et le journal ethnosociologique. Cependant, il existe tout de même une coupure claire. Dans le journal intime, l'auteur écrit pour lui. Dans le journal ethnosociologique, au contraire, l'auteur écrit pour l'autre... L'autre pouvant d'ailleurs être moi-même, mais placé à une autre période. L'effort d'objectivation du journal que constitue la construction de la table alphabétique et analytique permet de sortir du confort de l'écriture journalière, "activité passive", selon Béatrice Didier. Dans le journal ethnosociologique, un moyen de ne pas se laisser engourdir dans le confort de l'écriture diaire réside dans la volonté de limiter, dès le départ, sa pratique dans le temps. On reste sur un terrain durant un temps limité. On fait, en définitive, le journal d'un espace-temps déterminé à l'avance...

Le journal intime a souvent la forme d'un journal total. Le journal ethnosociologique se veut un journal ciblé, centré autour d'une problématique qui se précise, certes, au fur et à mesure de son écriture, mais qui est tout de même posée au départ. Par exemple, chez Marc-Antoine Jullien, il y a trois journaux en 1808 (je n'ai pas encore consulté la réédition de 1810 ni son *Mémorial horaire d'emploi du tems* de 1813 et n'en ai connaissance qu'à partir des 7 pages que lui consacre A. Girard). Marc-Antoine Jullien donne à ce dernier texte un sous titre qui me semble intéressant de noter : *Mémorial... servant à indiquer le nombre d'heures données par jour à chacune des divisions et subdivisions : 1) de la Vie intérieure et individuelle, considérée sous les rapports physique, moral et intellectuel ; 2) de la Vie extérieure et sociale.*

Cet objet que l'on donne à son journal ethnosociologique au moment où l'on décide de le tenir est déjà, d'une certaine manière, un travail d'indexicalisation *a priori,* une manière de classer et d'organiser son discours et d'organiser sa vie d'observateur-participant.

Chapitre 7

RELIRE, FAIRE LIRE SON JOURNAL ?

"Depuis que la lecture de quelques-uns de ces quarante-deux cahiers a fait du bien à deux personnes, j'y ai vu comme une justification de ma manie et comme une raison d'être pour ces milliers de feuillets, que je barbouille depuis treize ans."

H.F. Amiel, *Journal intime*, 29 juin 1854

"Veillé chez S. à qui, selon son vœu, je lis quelques douzaines de pages, empruntées aux deux derniers cahiers de ce journal."

H.F. Amiel, *Journal intime*, 20 avril 1876

"Le solitaire est très mauvais juge de la valeur relative des dons qu'il possède ; c'est au marché qu'il l'apprend. Pour lui, dans son ermitage, ses diamants valent des cailloux. Il est très possible que ce qu'il tient pour bagatelle ait du prix pour les gens du dehors. Ainsi, pour toi, ces 14 000 pages de Journal te paraissent-elles des ritournelles et des redites, parce que la vie intérieure tourne en cercle. Qui sait si d'autres n'y trouveront pas un attrait plus sérieux, de l'instruction, de l'édification même ?"

H.F. Amiel, *Journal intime*, 6 nov. 1877

TENIR SON JOURNAL est d'abord une activité individuelle. C'est une discipline que l'on s'impose à soi-même. Cette activité apparaît parfois comme "masochiste", même si B. Didier en a souligné le côté "jouissif". Contrairement à la correspondance qui fonctionne sur l'idée que le destinataire est proche de vous et que vous construisez une relation, certes différée, mais réelle avec lui, le journal demande une discipline sur le long terme. Certains journaux sont tenus pour soi (journaux personnels ou intimes), mais d'autres peuvent être pensés pour permettre une communication avec d'autres. L'écriture est toujours une forme de communication différée, mais, dans le journal, l'écart entre l'écriture du texte et sa socialisation est beaucoup plus longue que dans la correspondance, par exemple.

Dans le journal intime, le diariste se complaît souvent dans cette solitude. Béatrice Didier le note bien :

> "Le diariste est un homme de solitude ; il la recherche dans la nature et au sein même de la société." (p. 88)

Le journal intime se caractérise par les traits suivants :

> "écriture au jour le jour, identité auteur-narrateur-personnage principal, focalisation sur la vie intime de l'auteur, non-publication du vivant de l'auteur, le dernier de ces traits s'affaiblissant progressivement, au XXe siècle[1]."

Ce n'est pas exactement la posture de l'ethnosociologue. Certes, l'ethnosociologue est solitaire lorsqu'il tient son journal au jour le jour, mais, en même temps, il sait que son diarisme est une forme sociale d'observation. C'est pourquoi il peut être utile, pour lui, d'être aidé, dans l'analyse du rapport qu'il entretient à l'écriture de son propre journal, par un tiers qui, le lisant, va l'aider à évaluer ce qu'il fait à plusieurs niveaux. Il peut même aller plus loin et décider de donner à lire son journal à ceux qu'il décrit. Le journal devient alors un outil d'intervention. Il peut même écrire pour être publié.

RELIRE SON JOURNAL

Le premier lecteur du journal est souvent son auteur. En lisant Amiel, on s'aperçoit qu'il relit fréquemment son journal. Parfois, il relit les dernières pages écrites, parfois le dernier mois, parfois l'année ou même des volumes entiers de son journal (il a écrit plus de 16 000 pages de journal intime). Quelquefois, cette relecture est

1. J.-F. Chiantaretto, *De l'acte autobiographique*, p. 19.

finalisée. Il puise dans son journal pour préparer un cours ou une conférence... Les remarques évaluatives qu'il fait, à partir de cette relecture, sont nombreuses. Il est partagé entre le sentiment de trouver son écriture répétitive et l'admiration pour le travail qu'il mène sur une si longue durée et qui finit par constituer un "baromètre" de l'âme... Il me semble que ce travail de relecture est très utile au diariste qui tient un journal pour soi. Cette relecture permet de mesurer des écarts, des progressions, des avancées, des stagnations ou des reculs... Pour cette raison, M.-A. Jullien en recommande cette relecture à des dates fixes (tous les trois mois, par exemple).

LE CHOIX D'UN LECTEUR PRIVILÉGIÉ, OU LE DÉSIR DE CONTRÔLE

M.-A. Jullien note dans son ouvrage de 1808 que faire lire son journal de temps en temps à quelqu'un de confiance, ou lui résumer ce que l'on a écrit sur une certaine période, est nécessaire pour évaluer si l'on avance ou l'on recule. L'analyse du mémorial permet de

> "juger si on avance dans la carrière qu'on s'est proposé de parcourir, si on reste dans l'inaction ou si on recule, enfin, si on est dans une situation progressive, stationnaire ou rétrograde." (p. 86)

Et il poursuit :

> "Quand on voyage dans l'intention de s'instruire, on ne se borne pas à traverser rapidement des provinces et des villes, à jeter un coup d'œil sur les campagnes, à visiter en courant les monuments des arts, les prodigues de l'industrie, les établissements utiles, les objets de curiosité. Mais on fait à dessein des pauses fréquentes ; on se rend compte de ce qu'on a vu et remarqué dans sa route ; on questionne, on écoute, on observe, on recueille, on s'enrichit de ses observations et des collections qu'on a pu faire. De même, dans le voyage de la vie, on doit s'arrêter à certaines distances, jeter un regard en arrière sur l'espace parcouru, se demander d'où l'on vient et ce qu'on a fait ; où l'on est ; si la contemplation de soi-même paraît devoir inspirer à l'ame des sentimens de

mécontentement ou de satisfaction, de tristesse ou de joie ; enfin, où l'on va, vers quel but on se dirige, et quel chemin est le plus sûr et le plus agréable pour y conduire." (p. 87)

Pour faire ce point, c'est d'un ami dont on a besoin qui vous aide à prendre la mesure du chemin parcouru. Marc-Antoine Jullien consacre quatre pages de son livre à décrire l'ami que l'on peut souhaiter pour lui faire lire et critiquer notre cheminement.

Il propose quelqu'un en rapport d'âge. Cela permet d'avoir des points communs. En même temps, il faut qu'il soit "avancé dans la vie", qu'il ait une "expérience des hommes et des choses" (p. 88). Mûr, cultivé, il doit inspirer confiance et estime. C'est la condition pour qu'on puisse lui parler, s'engager avec lui dans une "dialectique entraînante" (p. 89).

> "Avec lui, vous aurez toujours à gagner ; vous sentirez toujours que votre esprit et votre cœur se bonifient. On ne le quitte jamais, sans être plus content de soi, plus disposé à l'amour des hommes et de la vertu, plus éclairé sur sa vraie destination et sur les devoirs qu'on est appelé à remplir dans la société."

Il faut que cette personne ait le talent de vous poser des questions, de "savoir douter".

> "Vous distinguerez en lui le désir et le besoin de chercher et de trouver pour lui-même des hommes forts et instruits qui puissent l'aider de leurs lumières ; vous imiterez cette obligeante complaisance qui descend volontiers à la portée des hommes peu ou mal éclairés, surtout des jeunes gens avides de s'instruire ; et cette patience constante et infatigable qui consacre une vie entière à composer un bon ouvrage, c'est-à-dire, un ouvrage utile aux hommes, et propre à faire avancer une science profondément méditée." (p. 90)

Marc-Antoine Jullien propose d'envoyer à cette personne tous les trois mois une note écrite pour faire le point sur sa propre recherche. Dans cette note, on fera le résumé fidèle de sa situation physique, morale et intellectuelle. La rédaction de cette note oblige ainsi à relire les observations que l'on a pu faire dans son journal. Cela permet d'examiner et juger ses actions, ses progrès en tout genre. Cela permet de comparer le chemin parcouru depuis la dernière note... Votre lecteur vous lit et vous renvoie ce qu'il en pense. Puisque vous l'avez choisi pour l'autorité que vous lui reconnaissez, vous suivez ses instructions et ses conseils. Cela vous permet d'aller plus loin.

On voit donc l'importance, pour Marc-Antoine Jullien, de cette personne qui vous sert d'interlocuteur dans votre cheminement moral et intellectuel. Cette remarque est encore plus importante lorsque l'auteur du journal se donne une perspective de recherche... Le directeur de recherche pour l'étudiant ; un collaborateur ou un collègue pour l'ethnosociologue peuvent jouer ce rôle essentiel à l'analyse de ce que l'on est en train de produire.

Le tiers peut aider l'auteur à prendre des distances par rapport à ce qu'il met de trop personnel dans son journal. Ce qui est intéressant dans le journal, c'est qu'à travers le quotidien, il donne à lire quelque chose d'"universel". Même H.F. Amiel est conscient de ce problème lorsqu'il écrit :

> "...Le côté général doit l'emporter. Il faudra supprimer le nom des individus, dans tout ce qui n'est qu'individuel, et surtout dans ce qui est désagréable. Je désire retenir la chose ; je n'ai droit que sur mon observation, non sur les personnes." (12 décembre 1850)

Il y a là une question déontologique qu'il est difficile de gérer seul.

LE RECOURS À UN TIERS POUR ANALYSER UN JOURNAL

Dans *Le journal de recherche* (p. 143 à 152), René Lourau étudie un certain nombre de journaux de chercheurs. Le chapitre qu'il consacre à Jeanne Favret-Saada est très intéressant car il analyse bien l'écrasement du chercheur par rapport à son objet-journal. Comment faire du journal de terrain de l'ethnologue un objet publiable ? Le recours à une amie pour sortir un livre de ces 2 600 pages de notes prises au jour le jour s'impose. Le rôle du tiers est alors d'aider à conduire le travail de réflexivité sur l'objet brut qu'est le journal de terrain.

J. Favret-Saada qui avait publié *Les mots, la mort, les sorts,* ouvrage théorique sur le terrain qu'elle a exploré (la "sorcellerie dans le bocage") donne à lire le journal de son enquête sur la sorcellerie grâce à la médiation de Josée Contreras... Il s'agit en fait de remanier le texte en l'allégeant, en le délestant d'une partie de son contenu sans en supprimer la spontanéité et le sens...

Chapitre 8

LE JOURNAL D'INTERVENTION

DÈS SON ÉCRITURE, l'auteur peut penser la socialisation du journal... En ce qui me concerne, je n'ai jamais vraiment tenu de journaux secrets ou de journaux que je concevais comme cryptiques[1]. Pour moi, le journal est un outil d'intervention... J'ai pris le risque de rendre "public" certains de mes journaux au fur et à mesure de leur écriture.

Je justifie cette pratique par un argument que je qualifierai de "déontologique". La déontologie est souvent avancée par mes contradicteurs comme un principe qui devrait me faire garder secret mon écriture diaire. Mais je renverse cet argument en tenant le raisonnement suivant : lorsque le sociologue, l'historien travaille à partir d'histoires de vie, la déontologie exige qu'ils donnent à lire le décryptage des entretiens qu'il a avec ses "clients". La relecture par le terrain des productions de l'ethnosociologue est une condition indispensable à la validité de ce qu'il peut produire dans son cabinet...

1. Même si j'ai des journaux inédits, ils sont un moyen pour moi de construire un objet de recherche. Je rêve de prendre le temps de les mettre en forme (de les enrichir d'une indexicalisation, d'une analyse) pour les publier et les rendre utilisables par moi et par d'autres...

Donner à lire mon journal aux gens avec qui je vis, et donc que je suis amené à décrire, dans la relation qu'ils entretiennent à moi, vise à reconnaître leur droit à me dire que ce que j'écris sur eux est faux, stupide, à côté de la plaque... J'en tiens compte, je rectifie mes erreurs d'évaluation des situations à partir de ces critiques... Car il est bien évident que je formule assez souvent des jugements de valeur là où je crois décrire la réalité... En fait, comme le note aussi bien M.-A. Jullien qu'Amiel, ce que je décris, c'est mon rapport aux gens et pas ces gens que je mets en scène dans mon écriture... C'est une perception qui peut-être très lointaine de la manière dont les gens se vivent eux-mêmes. Faire circuler mon écriture au fur et à mesure de sa production permet donc de rectifier mon point de vue, de le faire corriger par les gens concernés.

Ainsi, récemment, je racontais une situation où j'imputais à quelqu'un le fait de ne pas être invité dans un colloque qui portait très exactement sur le sujet d'un de mes livres... sujet sur lequel je ne connais guère de concurrent dans le monde[1]. En fait, je me suis trompé. Il y avait bien un désir de m'exclure de ce colloque, mais la personne que je croyais responsable de cette initiative n'était pas la bonne... En lisant mon journal, un témoin de la réunion où il avait été décidé de ne pas m'inviter à cette rencontre me dit :

> "Sur ce point, tu te trompes. Ce n'est pas X qui t'a mis de coté. C'est quelqu'un d'autre qui a dit : « Si Hess vient, je ne viens pas »...
>
> – Qui est-ce ?
>
> – Je ne puis te le dire... Mais je puis t'assurer de la chose. J'y étais."

Le journal est donc bien une enquête. La posture scientifique exige que l'on reconnaisse l'erreur, mais le fait de garder pour soi des erreurs ne donne guère de chance de pouvoir les corriger de son vivant... L'histoire s'écrit alors ensuite sur des bases erronées ! En décidant de cette attitude de socialisation de mon enquête diaire, au fur et à mesure de sa production, je n'étais pas sur de faire le bon choix... Cependant, avec le temps, je dois dire que j'ai réussi à retourner des amis d'abord très hostiles à mon option

1. Je suis l'un des rares chercheurs à travailler un peu sérieusement l'histoire et l'anthropologie des danses de couple...

méthodologique... Cette question du journal d'intervention est probablement le chapitre le plus délicat de mon exposé, celui qui peut donner lieu aux discussions les plus engagées. Je suis prêt à toute critique sur ce chapitre... Mais plutôt que d'en rester à des questions théoriques, je voudrais donner quelques exemples de situations où j'ai pratiqué cette forme de journal d'intervention.

a) LE JOURNAL DU LYCÉE

En 1982-1983, je me décide à tenir un journal parce que j'ai pris conscience que, dans mon statut de professeur de lycée, je me suis "fait avoir" (et pas seulement moi, mais l'ensemble des collègues engagés) par mon proviseur, qui, à l'issue d'un conflit qui nous avait opposé, a "oublié" les conditions du "traité de paix" et, en ce qui me concerne, m'avait mis un "avis secret" très défavorable dans un dossier administratif de demande de poste à l'INRP (je reçois par erreur cet avis durant l'été)... Je regrette alors de ne pas avoir gardé de traces écrites des différentes étapes du conflit de l'année précédente. Je décide de réactiver ce conflit en affichant dans la salle des professeurs l'avis défavorable du patron. Je considère cette réactivation comme le commencement d'une écriture diaire sur le fonctionnement de l'institution... Je me donne comme perspective de tenir mon journal durant un an. Je note tout ce qui concerne la vie de l'établissement...

La dimension interventionniste vient du fait que dès que j'ai tapé trente pages de mon journal, je les photocopie en dix, vingt ou trente exemplaires et je distribue ces pages aux acteurs concernés dont je parle dans mon journal... Cette diffusion a pour effet de susciter des réactions qui viennent alimenter la suite de l'enquête... En cours d'écriture, après trois mois de guerre avec le proviseur, je me décide à faire la paix avec lui... L'écriture continue sur d'autres bases. Mes alliances changent... J'explore ainsi de nouvelles dimensions de la pratique du métier de professeur... Certains collègues émettent quelques réserves par rapport à ma pratique... mais je m'y tiens jusqu'à la fin de l'année...

En 1989, des 350 pages ainsi produites, je tire 100 pages. J'enlève tout ce qui n'a qu'un rapport lointain à la sociologie de l'établissement (relations avec mes proches, préoccupations intellectuelles, etc.). Je contextualise ce journal en écrivant quelques chapitres supplémentaires sur l'analyse institutionnelle des établissements et sur la pratique du journal comme outil d'analyse interne... Je publie ce livre sous le titre : *Le lycée au jour le jour*[1].

Aujourd'hui, mes anciens collègues sont très contents de disposer de ce texte. Claude Palacios, professeur de français, cinq ou six ans après moi, a d'ailleurs tenu, dans le même établissement, un journal sur sa pratique d'enseignante. J'espérais le publier. Je ne l'ai pas fait pour des raisons techniques (volume que Claude ne voulait pas réduire).

b) LE MOMENT TANGO

En 1996, je décide d'écrire cet ouvrage sur *La pratique du journal*. Pour mener à bien cette entreprise, il me semble que je dois tenir moi-même un journal, des journaux. En fait, je serai amené à en tenir plusieurs... Venant de publier un "Que sais-je ?" sur *Le tango*, engagé dans l'enseignement de cette danse à l'université, je décide de tenir mon journal sur le milieu du tango, et plus particulièrement sur les cours de tango que j'essaie de mettre en place à l'université...

Là encore, je décide de créer dans l'université une petite brochure dans laquelle je décide de rendre public mon journal au fur et à mesure de son écriture. *Milonga* 1, 2, 3, 4 et 8 publient mon journal... Les numéros 5, 6 et 7 donnent à lire des journaux tenus par des étudiants de mes cours[2]... Mon journal a pour finalité d'aider le groupe qui se constitue à prendre conscience du mouvement auquel il donne des dimensions nouvelles.

A la fin de l'année 1996-1997, constatant que j'ai un volume suffisant pour faire de ce journal un premier livre, je publie *Le moment tango*. Le lecteur attentif peut voir quelques suppressions de passages mettant en cause personnellement certaines personnes... J'avais laissé passer ces sautes d'humeur dans la diffusion de

1. R. Hess, *Le lycée au jour le jour* (journal écrit en 1982-1983), Paris, Méridiens Klincksieck, 1989.

2. Jean-Noël Even s'était proposé de faire son mémoire de maîtrise sur l'analyse de contenu de ces journaux d'apprentissage d'étudiants (plusieurs centaines)... Mais il semble que ce projet soit au point mort.

Milonga (tirage : entre 50 et 200 exemplaires, suivant les numéros). Mais ces suppressions sont rares.

L'accueil du *Moment tango* est positif. Je décide de continuer. En 1997-1998, je poursuis ce journal sur le terrain de la danse que je continue à faire circuler. Il prend tellement d'importance que je commence à en imaginer une publication en plusieurs volumes... En août 1998, je décide de publier *Les tangomaniaques* comme volume 2 du *Moment tango*. Il s'agit de la suite de cette recherche sur la danse sur l'année 1997-1998... Durant cette année, j'observe des situations nouvelles par rapport au *Moment tango*, mais globalement, mon objet est le même : la description de ma pratique pédagogique à Paris VIII, le compte-rendu quotidien de mes lectures, de mes rencontres, de ma participation à l'organisation de colloques, des disputes que j'engage sur le terrain de la danse... Ce second volume est intéressant car il permet déjà de percevoir une évolution sur une longue période.

Au cours de cette année 1997-1998, j'observe de manière plus approfondie deux stages de tango auxquels je participe en tant qu'animateur... ou observateur. Ils ont en commun le public : un groupe franco-allemand-polonais d'étudiants ingénieurs, engagés depuis 3 ans dans une recherche sur la formation d'ingénieurs. Après des rencontres en France, Allemagne, Pologne d'une semaine durant lesquels les étudiants et leurs enseignants ont analysé les différentes dimensions du métier ou ont produit des objets en commun (films), une des responsables du programme, Marie-Therese Albert, professeur à l'université de Cottbus lance l'idée d'une exploration de la communication interculturelle à travers la danse. Elle me propose d'organiser un stage sur le tango en septembre 1997. Celui-ci "marche" tellement bien du point de vue de la recherche engagée qu'on décide de lui donner une suite en mai 1998. Lors de ces deux stages, je tente d'utiliser le journal de manière plus intensive. Alors que dans mon journal sur la longue durée mon objectif est, en moyenne, d'écrire une page par jour, lors de ces deux sessions, je tente de rapporter le vécu du stage en me donnant dix pages par jour. Le journal devient alors une sorte de protocole d'une rencontre décrite avec le maximum de détails... Compte tenu du volume produit, je décide d'écarter ces journaux des *Tangomaniaques* et d'autonomiser ces journaux dans un troisième volume (*Le gai savoir de la milonga)* que je souhaite retravailler avant de le donner à lire (analyse de contenu, réflexion théorique sur l'utilisation de la danse dans l'animation des groupes interculturels)...

Il me semble alors que je pourrais écrire un quatrième volume de ce journal en Argentine... Jusqu'à maintenant, mon terrain d'étude du tango est la France et l'Europe où cette danse se diffuse très rapidement... J'imagine prendre *Le Chemin de Buenos-Aires* et faire le journal de ce voyage pour clore cette enquête... Il s'agit encore d'un rêve, d'un projet que je ne veux pas précipiter : il me semble que pour réussir cette enquête, il me faut, tout d'abord apprendre l'espagnol...

Un débat s'est établi entre mes lecteurs et moi-même sur les problèmes déontologiques que pose cette pratique. Quelques personnes "épinglées" dans mon journal se sont brouillées avec moi ; certaines se sont ensuite réconciliées... Mon projet, au départ, est de tenter de faire une ethnologie impliquée du milieu tango... Progressivement, il se trouve que ce que je décris est un réseau qui a des ramifications mondiales. L'université où j'enseigne devient un élément intéressant de ce réseau de socialisation assez original... Mes étudiants me soutiennent dans cette entreprise ; ils écrivent eux-mêmes des journaux souvent passionnants. Je considère que diffuser mon journal dans l'université est un moyen de faire de l'analyse interne : en décrivant le tango à la fac, je le fais exister comme forme sociale.

Si on se contentait de danser dans une salle, cette pratique pourrait passer inaperçue... En la racontant, je la fais exister autant à l'intérieur qu'à l'extérieur du groupe concerné... Au niveau des finalités, mon objectif est politique : je veux relancer les pratiques de danses sociales en France... Pour moi, la danse fait partie de la culture et de l'éducation de base... Je ne peux que le démontrer en racontant au jour le jour les trouvailles des uns et des autres sur ce terrain... Mon journal devient une chronique d'une nouvelle pratique qui est en train de naître. Écrire, c'est "édifier une famille", dit Patrick Demouy, à propos du journal de Paul. Moi, je veux construire, instituer une nouvelle pratique à l'université. Simultanément, je stimule des recherches plus théoriques que je fais paraître dans la collection "Anthropologie de la danse" que, parallèlement, j'ai crée chez Anthropos... Mon journal est aussi le suivi de ce projet éditorial.

Le journal de cette pratique et de cette recherche sur la danse devient aussi un outil de recherche-action[1]. Cette recherche sort de l'université puisque le "journal" est lu par les chercheurs extérieurs qui travaillent sur le même sujet que moi. Ainsi, Christian Dubar. Il est inscrit en thèse avec moi. Il a déjà publié *L'invitation à la danse*[2]... Il travaille à Toulouse. En recevant *Milonga 8*, il m'écrit :

"Cher Remi,

J'ai bien reçu l'exemplaire de *Milonga 8* qui m'a réellement passionné, et je m'associe à ceux qui t'encouragent. Je l'ai dévoré.

Puisque tu ouvres courageusement les voies de la franchise, ce que j'admire particulièrement, sache que j'ai vraiment envie de te suivre dans ce chemin.

Et je commencerai par te dire combien j'ai eu peur quelques fois pour toi durant ces dernières années, en pensant, toujours avec beaucoup d'amitié, que tu prenais beaucoup de risques, et que parfois même la passion te faisait perdre la tête, je l'avoue humblement.

Mais j'ai eu l'occasion d'avoir des sensations totalement inverses à la lecture de ce document, ce qui me rassure pour toi et m'amène à t'encourager. Je crois que tu es vraiment un original dans notre société et dans le métier que tu fais, mais quelle chance, et je salue cet original, qui a le courage de dire et d'écrire ce qu'il pense et ressent au jour le jour, et sans fard, et même contre les avis des plus frileux, quitte à perdre des amis, qui à cette occasion-là montrent leur propre faiblesse.

Il ne me vient pas à l'idée de le leur reprocher, je suis navré pour eux. Mais cela me rassure quant à toi, quant à moi, et me conforte dans mon désir de vérité, que tu connais, et aussi dans ma passion, du travail en général que nous faisons tous autour de toi, que ce soit la danse, la technique, la

1. Sur cette démarche, voir R. Barbier, *La recherche-action*, Paris, Anthropos, "Ethnosociologie", 1996. Du même auteur, voir également *L'approche transversale*, Paris, Anthropos, 1997.

2. Christian Dubar, *L'invitation à la danse*, Paris, Anthropos, coll. "Anthropologie de la danse", 1997.

pédagogie, l'analyse, la sociologie ou autre chose, que je ne cherche pas moi non plus à étiqueter, tellement le plus important c'est bien de repérer que c'est ce que nous sommes au fond de nous.

Tu trouveras donc ci-joint mon propre journal concernant ces derniers jours, et particulièrement le tango. J'ai de nombreuses inspirations, et la distance qui me sépare de vous, Parisiens, a des inconvénients, mais aussi des avantages, que j'essaye d'exploiter. Je pense que ma thèse avance sérieusement.

C'est formidable de vous suivre au jour le jour ainsi, au travail, en famille, c'est extraordinaire comme procédé, car cela abolit les distances, c'est vraiment un procédé très efficace.

Je vous embrasse en espérant vous voir bientôt.

Christian."

La force de cette lettre, c'est qu'elle est accompagnée d'un texte très important. A partir de cours de tango argentin qu'il a suivi (en janvier) de deux enseignants s'inspirant de la pédagogie de R. Dinzel, Christian explore les points communs entre le tango argentin et le tango anglais. Il montre que sous des appellations différentes, en fait les deux pédagogie isolent les mêmes structures de base, les mêmes fondamentaux. Il montre qu'en enseignant la salida, on peut aussi donner accès à plusieurs autres danses, la *salida* étant un condensé de bases. S'inspirant de cette analyse, il construit une progression pédagogique qu'il propose dans un cours de débutants et dans un cours de danseurs confirmés. Il dégage de cette expérience l'hypothèse qu'une formation "transversale" permet de donner davantage aux élèves qu'une pédagogie d'une seule danse. Il développe ensuite les problèmes des élèves qui refusent la technique et les questions que pose le refus de travailler la rythmique dans le milieu du tango argentin.

Ce texte est tout à fait exceptionnel par ses découvertes, son invention et sa rigueur scientifique. Ce texte a sa place dans le colloque que nous organisons avec mon collègue Jean-Claude Serre (Paris IV). Il justifie le désir de Jean-Claude de sortir de ces journées une publication, un livre. Le seul texte de Dubar mériterait qu'on en fasse un livre... Ce texte aurait-il été écrit sans l'interaction qui s'est produite entre ma recherche que je décris dans mon journal et que je fais connaître à Christian et sa propre recherche ? La diffusion du journal de recherche fonctionne comme un accélérateur de production dans mon équipe de recherche... Le laboratoire d'anthropologie des danses sociales que j'anime rassemble des chercheurs dispersés... Mon journal permet une communication entre différents chercheurs atomisés... Certains, pour ce faire, utilise Internet. Pour ma part, il me semble que le journal qui prend la forme d'un livre est un moyen de toucher des personnes qui ignorent encore l'existence de mon groupe de recherche... Le livre suscite des compte-rendus dans la presse, à la radio. Il aide à se faire connaître auprès des gens impliqués dans le même objet que vous... Cette remarque n'est pas spécifique au journal[1]. Tout livre permet de rencontrer des gens... Mais le journal permet, par son écriture transductive, d'aborder de très nombreuses dimensions d'un champ de recherche, de ne rien perdre qui soit virtuellement important.

Le journal de danse devient ainsi un outil d'intervention, mais aussi de construction de nouvelles formes sociales.

c) LE JOURNAL INTERCULTUREL

Sur le terrain de l'interculturel, j'écris des textes régulièrement depuis 1974. La plupart du temps, il s'agit de 20 ou 25 pages écrites après une observation de terrain faite dans des échanges de classes franco-allemandes, dans des rencontres internationales, etc. Au total, c'est plusieurs milliers de pages que j'ai ainsi écrites et entreposées sans les utiliser pour une écriture socialisée... Ils m'ont été payés par des commanditaires, mais je prends conscience que c'est vraiment dommage de rester seul avec ces textes sans créer une dynamique autour... Je considère cette accumulation de textes comme un "quasi-journal", bien que l'idée de journal n'ait pas été présente lors de l'écriture de ces textes... Pour en faire quelque chose, il me faudrait indexicaliser ces textes et les relire dans une

1. Dans *Le moment tango*, je rapporte certaines réactions à mon "Que sais-je ?". Dans *Les tangomaniaques*, je rapporte d'autres réactions suscitées par *Le moment tango*. On s'aperçoit en les comparant que les réactions, par rapport à un journal, sont beaucoup plus fortes, beaucoup impliquées, permettent des contacts ultérieurs beaucoup plus forts.

perspective thématique. J'envisage cette tâche, avec Lucette Colin, comme une priorité depuis plus de trois ans... Nous désirons produire un livre ensemble : *L'enfant, l'école et l'étranger*, livre sur lequel nous travaillons régulièrement, mais que nous avons beaucoup de mal à écrire tellement nous sommes écrasés par les centaines d'observations que nous ne parvenons plus à organiser selon une logique de lecture ordonnée...

D'un côté conscient de ces difficultés d'écriture sur ce terrain de l'interculturel d'un ouvrage vraiment intéressant qui puisse renouveler les perspectives, d'un autre côté impliqué dans cette recherche sur le journal, je me suis contraint à écrire un vrai journal à partir de septembre 1996, pour essayer d'ordonner mes réflexions sur l'interculturel, jusqu'alors atomisées dans ces articles ou textes dispersés. Mon objectif est de les faire lire à un groupe, afin qu'il m'aide à sortir de l'isolement... Ce journal a d'abord concerné les voyages que j'ai pu faire en Allemagne dans le cadre des recherches dans lesquelles je suis engagé pour l'Office franco-allemand pour la jeunesse... Au départ, ce journal s'intitulait "Le travail interculturel". Dans ce titre, le terme de "travail" était la traduction française du terme allemand *Erarbeiten*. Avec ce mot allemand, le terme de travail est synonyme de "perlaboration" ; il s'agit du travail qui s'opère sur une longue durée, une sorte de maturation de la pensée. J'ai beaucoup réfléchi au contenu de ce journal. Progressivement, je ne limite pas ma réflexion au franco-allemand, mais je fais entrer dans ce journal le vécu quotidien avec les étudiants étrangers de l'université où j'enseigne... Il s'agit bien d'une méditation sur les difficultés à penser les rapports entre "éducation, formation, pédagogie... et intercultualité" (j'ai hésité à donner à ce journal le titre d'*Education et interculturalité*). J'ai ensuite pensé intituler ce texte *La découverte de l'autre...* En fait, c'est en août 1998 que j'ai pris la décision de publier ce journal. Le titre que j'ai finalement retenu est *Pédagogues sans frontière*, thème d'un colloque international que j'organise à Paris VIII en septembre 1999 autour de la pédagogie, de l'éducation, de la formation dans leur rapport à l'interculturalité en Europe... Mon journal m'apparaît ainsi comme un dossier à mettre entre les mains, entre autres, de l'équipe d'organisation de ce colloque qui rassemble déjà plusieurs dizaines de personnes... Deux années de réflexion au jour le jour, ancrées dans des pratiques d'observation de classes, de participation à des colloques, de discussions avec des chercheurs, avec des écrivains, des étudiants, mais aussi dans la pratique d'édition qui est la mienne sur le terrain de l'interculturel... D'une certaine manière, mon journal est le suivi d'un projet éditorial : le développement de la collection *Exploration interculturelle et science sociale* chez Anthropos... Entre juin 1996 et octobre 1998, avec Lucette Colin, nous avons publié 30 volumes sur l'interculturel. Cette activité nous amène à lire de nombreux manuscrits. Certains nous sont envoyés. D'autres sont suscités par nous... On aide les auteurs à transformer des manuscrits en livres ! Suivre ce travail par un journal a l'intérêt de construire tout doucement des ethnométhodes, une méthodologie... Le journal fait émerger de nouveaux objets, ainsi le sous-titre de l'ouvrage "Ecrire l'intérité". Voici la 4e de couverture qui tente de synthétiser l'effort de ce journal :

> Comment écrire de l'intérieur, non pas l'identité ou l'altérité, mais l'intérité (le fait de vivre ensemble) ? L'intérité est par définition interculturelle. Mais qu'est-ce que cet interculturel qui est au cœur de la vie domestique, de la vie institutionnelle et de la vie internationale ? Comment décrire la compréhension ou l'incompréhension vécues dans le *vivre ensemble* ?
>
> Remi Hess fait l'hypothèse que la pratique du journal peut aider à décrire le quotidien de l'intérité car le *vivre ensemble* est difficile à conceptualiser de manière hypothético-déductive... Dans la vie quotidienne, dans la vie mentale, ce qui caractérise la pensée individuelle ou interindividuelle, c'est qu'elle est transductive : on passe toujours d'une idée à une autre sans toujours organiser de manière cohérente le vécu et le conçu. Pourtant, si on refuse de la refouler, la transduction de la pensée, médiation entre l'imaginaire et le réel, est source d'une grande créativité. Remi Hess tente de démontrer cette hypothèse en se soumettant à la discipline de noter sur deux ans tout ce qui traverse sa recherche dans le champ de l'interculturel... Il nous livre aujourd'hui ce journal.
>
> Ce texte explore également le rôle d'une analyse des expériences interculturelles dans l'éducation et la formation... L'auteur, qui voyage beaucoup, décrit, au jour le jour, ses manières de développer une recherche collective sur le terrain de l'interculturel à l'université ou dans le cadre des échanges franco-allemands, mais aussi dans son travail d'éditeur, de directeur de recherches... Ce livre montre que la tenue du jour-

nal est un outil incontournable d'élaboration de la pensée, une étape avant qu'elle prenne des formes plus traditionnellement construites. Le journal ouvre sur d'autres possibles : la création de nouvelles institutions, de nouvelles rencontres, de nouvelles pistes de recherches...

On voit dans ce texte, sorte d'auto-évaluation, d'auto-lecture de l'auteur que ce journal est en fait un effort pour penser l'intérité. Ce terme a été créé par Jacques Demorgon. Il est repris ici car il s'agit bien, dans ce journal, de tenter d'élaborer un savoir de l'être ensemble... En même temps, l'écriture du journal est une activité individuelle. Un auteur seul peut-il réussir à penser l'intérité ? Le débat est lancé. Peut-être, dans cet effort de rapporter le point de vue de l'autre, des autres... Le psychosociologue Volker Saupe qui a relu les épreuves de *Pédagogues sans frontière* voit dans ce texte le manifeste d'un "subjectivisme radical", assez en rupture avec la tradition universitaire germanique. Et il questionne l'auteur sur ce qui l'amène à choisir tel ou tel fait lorsqu'il écrit. Est-ce du pur hasard ? Ou au contraire, y a-t-il chez l'auteur une stratégie d'écriture ? Il est bien évident que le journal donné à lire au lecteur est finalement un texte *écrit* à partir d'une perspective bien déterminée qui s'affine d'autant plus qu'à la relecture, pour donner du sens et de la cohérence au journal, l'auteur supprime un bon quart du texte pour centrer son livre autour d'une problématique qui apparaît bien à la relecture. Cette relecture est un moyen de donner de la force en allégeant le texte de répétitions ou de "sous-dossiers" qui apparaissent finalement "hors-sujet" (souvent des conflits ou des histoires que l'auteur raconte pour s'en libérer, mais qui ne semblent plus significatives, avec le recul de la relecture) ; ainsi, Volker Saupe a-t-il raison de parler de "subjectivisme radical", mais en même temps, ce style, cette posture de sélection des observations, des réflexions et des commentaires est le principe de constitution du Je... Ce subjectivisme radical rejoint, par un autre moyen, l'ambition allemande d'accéder d'une certaine manière à l'universel...

Un autre Allemand, anthropologue historique, fortement engagé avec l'auteur dans la recherche interculturelle, Christoph Wulf, lui-même grand auteur (il a publié une soixantaine d'ouvrages) explique à l'auteur qu'il n'a jamais écrit de journaux car, pour lui, la vie vaut la peine d'être vécue pour elle-même. L'écriture doit porter sur autre chose que le vécu quotidien. Pour Christoph Wulf, se regarder constamment vivre fait passer à côté de la vie. Il refuse la dissociation constitutive de la posture du diariste! J'avoue que je suis sensible à cette remarque, et finalement à ce choix du grand intellectuel allemand, mais en même temps, pour moi, je vis cette dissociation comme une ressource, une occasion de construire une unité, une cohérence intérieure que je ne trouve pas dans mon quotidien qui est celui d'un papillon. Le journal oblige à centrer l'écriture sur un "moment", celui de la recherche interculturelle, par exemple, et donc à lui donner de la cohérence, à lui donner du sens...

Pour être complet, je pourrais signaler d'autres formes de journaux d'intervention que je pratique épisodiquement : le journal des archives ou le journal d'un colloque...

Lorsque le conseil de famille du 23 décembre 1997 m'a confié les archives de la famille, j'ai commencé immédiatement un *Journal des archives.* Il s'agit, pour moi, d'y noter toute l'activité qui entoure la lecture, le classement, l'organisation, l'exploitation de ce fond... Dès le 15 janvier, je sortais un premier bulletin que je diffusais dans la famille pour expliquer ce qui s'était passé depuis un mois... Ce journal n'en est qu'à ses débuts. Mais je le signale pour montrer la diversité des journaux que l'on peut tenir parallèlement... Cette diffusion a suscité, cher mon frère, l'envoi de documents nous concernant, paru dans *L'Union* que je ne lis pas lorsque je suis à Paris...

En ce qui concerne le journal du colloque, il prends la place du journal interculturel lorsque je conclus *Pédagogues sans frontière* en décidant d'organiser un grand colloque à Paris VIII en septembre 1999. Ecrire la mise en place du colloque est un moyen de préparer la rencontre. La diffusion régulière de ce journal permet d'en envisager une production collective.

*

Dans ce chapitre, j'ai voulu montrer que pour l'écriture elle-même, le fait d'avoir des retours est extrêmement important... la recherche est un processus collectif. Les lecteurs aident beaucoup... le chercheur à avancer dans sa recherche. L'édition d'un ouvrage n'est d'ailleurs souvent qu'une étape. Une seconde édition permet de prendre en compte des remarques de lecteurs. Ainsi, je m'en suis déjà rendu compte avec l'édition du livre de mon grand-père. L'éditeur ayant suscité une souscription, j'ai pu avoir connaissance des 300 personnes ayant acquis l'ouvrage à sa parution... Ils constituent un groupe important qui a aidé l'édition du livre. Ils sont aussi les premiers lecteurs... Ils m'expriment déjà leurs commentaires (voir la remarque de Josette Poinssac dans le journal de ce livre, au 14 février). Ainsi, constamment, la recherche est un *work in progress*, un processus sans fin.

Par rapport au chapitre précédent, on voit qu'il y a, chez moi, une tentative d'extension du lectorat, par rapport à M.-A. J. ; M.-A. Jullien ne se choisit qu'un lecteur... moi, je destine mon texte à cinquante personnes... dans un premier temps, plusieurs centaines lors de la publication sous forme d'ouvrage... Tous les lecteurs ne répondent pas. C'est en fonction des résonances que mon texte a sur leur propre recherche que mes amis, mes collègues ou mes étudiants me répondent... Et lorsqu'ils ne répondent pas, cela ne veut pas dire du tout que mon texte ne soit pas lu et commenté... L'écriture est surtout un outil de communication différée... Bref, le journal d'intervention permet de faire avancer la recherche et l'analyse interne...

Avant de conclure, je voudrais maintenant insister sur la dimension "éducation domestique" de ma pratique pédagogique du journal.

Chapitre 9

LA PÉDAGOGIE DU JOURNAL, UNE ÉDUCATION DOMESTIQUE DE L'ÉCRITURE ?

MON ÉQUIPE DE RECHERCHE est une maison... J'ai montré, dans le chapitre précédent, que mon journal peut stimuler la pratique d'écriture des miens[1]. Des observations antérieures, nous pouvons tirer que nous avons tous, les uns par rapport aux autres, une fonction pour stimuler chez l'autre son écriture. Sans lecteur, on n'a pas envie d'écrire. Comment concevoir une pédagogie du journal ?

On a vu que M.A. Jullien propose en 1808 sa méthode du journal aux pères et aux mères de famille qui veulent aider leurs enfants de 16 à 25 ans à se donner une éducation basée sur l'observation... Marc-Antoine Jullien inscrit donc davantage cette pédagogie du journal dans l'éducation domestique que dans l'éducation

1. Mes enfants, mais aussi les élèves ou étudiants qui m'étaient confiés et pour lesquels je n'avais pas forcément "mission" de transmettre l'écriture. Ainsi, même dans le cadre de l'éducation publique, j'ai toujours tenté de conserver une dimension de pédagogie domestique.

publique... Et en même temps, il pense que le journal a surtout une utilité dans la "seconde" éducation.

Au XIXe siècle, dans son célèbre *Voyage en Icarie*, le socialiste utopiste Étienne Cabet pense également que l'éducation à l'écrit se fait d'abord dans le cadre "domestique". L'éducation domestique est un peu plus large que le cadre familial. L'éducation *domestique* est l'éducation que l'on reçoit à la maison. C'est celle qui est proposée par les parents, évidemment, mais aussi par leurs proches : les "tontons", les nourrices, les amis de la famille... qui jouent un rôle dans la construction de l'identité d'auteur de l'enfant. E. Cabet écrit :

> "Jusqu'à cinq ans, l'éducation est *domestique* ; et pendant ce temps, les mères et les pères apprennent à l'enfant leur langue, la lecture, l'écriture, et prodigieusement de connaissances matérielles et pratiques. (p. 78)
>
> A cinq ans commence l'éducation *commune*, jusqu'à dix-sept et dix-huit ans, combinée avec l'éducation *domestique* (p. 79)... L'enfant apprend l'écriture, sous la direction de sa mère et depuis le moment qu'il sait écrire, on ne souffre plus qu'il écrive illisiblement (p. 79)... L'enfant apprend l'*écriture* d'après les mêmes principes, en jouant, avec plaisir, sous la direction de sa mère, qui lui explique la raison de tout ce qu'elle fait et de tout ce qu'elle lui fait faire ; car il y a toujours une raison pour laquelle on agit d'une manière plutôt que d'une autre, et l'un de nos grands principes est d'exercer de suite l'intelligence et le jugement de l'enfant, en l'habituant à tout raisonner, à toujours demander la cause, et à toujours expliquer le motif. Ainsi la mère explique à son enfant comment il doit tenir la plume et pourquoi, comment il doit placer son papier et pourquoi... Dans toutes les parties de l'éducation, nous unissons toujours la théorie et la pratique (p. 85).
>
> Cette méthode d'exercer le raisonnement s'applique à tout et s'emploie continuellement par tous ceux qui approchent l'enfant... On l'habitue aussi à ne pas rougir d'ignorer ce qui ne lui a pas été enseigné, et à répondre sans hésiter *Je ne sais pas*, quand il ignore. Vous pouvez concevoir les conséquences de cette habitude de tout examiner et de raisonner toujours." (p. 85)

On voit donc, chez E. Cabet, que la transmission de l'écriture se fait naturellement dans la vie domestique... Il se trouve que cet auteur a joué une certaine influence sur ma famille puisque François Simon-Gardan, qui suscita chez Paul Hess sa vocation d'écrivain, a laissé outre *Ses mémoires sur la guerre de 1870*, un petit texte autobiographique dans lequel il raconte que son père, ouvrier agricole "cabétiste", participant à Reims à la Révolution de 1848, lui a appris à lire lui-même (en lui tapant sur les doigts lorsqu'il n'était pas assez attentif) dans *Voyage en Icarie* ! Ce livre joua donc un rôle relativement important dans l'édification des conceptions éducatives de notre famille... Dans ce livre, on trouve toute une théorie "naturelle de l'écriture" qui prend sa place dans les activités de la vie quotidienne... Tous les enfants savent donc lire et écrire naturellement.

De nombreux journaux ont ainsi été tenus dans notre famille. Si les plus anciens que nous ayons conservés datent de la guerre de 1914[1]... auparavant, la forme autobiographique existait sous la forme d'histoires de vies ou de correspondances.

Ainsi, la pulsion d'écriture domestique ne touche pas seulement Paul, mais aussi son beau-père, son épouse et ses enfants. On a toujours beaucoup écrit chez les Hess, y compris sous les bombardements. Une lettre du 1er octobre 1914 adressée à Pauline, réfugiée rue du Barbâtre en témoigne. Elle est écrite par Mme Louise Roque, une amie de la famille, qui s'est réfugiée avec ses enfants à Châtelut-Malvaleise. Elle répond à Pauline :

> "Chère Madame,
>
> Votre bonne lettre m'est parvenue hier 30 septembre, ce qui fait donc cinq jours pour me parvenir, ce n'est pas encore trop long. Je l'attendais avec impatience, cette lettre, car les journaux nous annonçaient presque chaque jour un nouveau bombardement de Reims, et plusieurs personnes tuées..."

Mme Roque explique qu'elle a lu une partie (seulement) de la lettre à ses enfants :

---

1. Pauline, la femme de Paul, en a tenu un. Jean, le fils aîné de Paul et Pauline, né en 1899, en a tenu également un en 1914 puis beaucoup d'autres, notamment un journal de son jardin...

"Je leur ai lu le passage de votre lettre où vous nous dépeignez la messe de ce 22 septembre[1], et tous les trois ont dit que Madeleine Hess n'était pas une poule mouillée. Madeleine (Roque) a ajouté qu'elle ne serait pas capable d'en faire autant. Camille a reçu avec plaisir la lettre de Jean avec toutes ses explications ; quant à mon mari il a dit qu'une lettre rédigée comme celle-ci vaudrait 25 fr. pour un journaliste qui en aurait besoin."

Cette lettre montre l'activité d'écriture qui se déploie dans la famille de Paul. Repenser aujourd'hui cette dimension d'écriture domestique me semblerait importante pour réfléchir à l'entrée de l'enfant ou de l'adolescent dans l'écriture... On dit souvent que l'école permet de lutter contre les inégalités sociales... C'est probablement vrai. Mais ce qui m'intéresse dans l'analyse de notre tradition familiale, c'est qu'elle montre que la transmission de la lecture et de l'écriture se fait sur le plan domestique dans des milieux très peu favorisés (le père de Simon-Gardan était très pauvre : il obligeait ses deux fils à mendier)... François réussira à aller à l'école jusqu'à douze ans... L'écriture domestique, avant l'école obligatoire, n'est donc pas un privilège des classes dominantes... Sa transmission familiale ou mieux "domestique" se fait à la manière décrite par E. Cabet... Cela se prolonge à la génération suivante.

Il y a quelques mois, à l'occasion d'un déménagement, nous avons trouvé un journal que ma mère (née en 1912) a écrit entre 1926 et 1993 (et qu'elle avait gardé secret), consacré notamment à ses problèmes d'éducatrice par rapport à ses quatre enfants à partir de leur naissance (1947-1954)... Elle a noté quelque chose tous les jours durant plus de soixante ans... Nous ignorions tout de cette pratique ! Je m'explique cependant aujourd'hui son intérêt, son écoute pour nous. Mue par son désir d'écrire, elle nous observait attentivement et nous écoutait raconter notre journée, lorsque nous rentrions de l'école, nous servant, l'hiver, un chocolat chaud... C'est elle qui nous demandait, lorsque nous partions en voyage (colonies de vacances ou autre) d'écrire des lettres pour raconter notre vie dans cet ailleurs... Ces premières lettres ont été conservées... Par la suite, elle nous invitait à écrire des journaux de voyage. Dès 10 ans, nous rapportions ainsi à la maison des journaux de vacan-

1. Un obus était tombé sur l'église et un éclat avait atteint Madeleine.

ces enrichis d'illustrations, dessins, tickets de bus, billets d'entrée dans des spectacles collés au jour le jour dans le journal... On voit ici le lien entre la correspondance et le journal.

Ce qui me semble important de noter ici, c'est que dans le cadre de l'éducation domestique, l'enfant apprend à lire et à écrire sous la houlette de personnes qui écrivent elles-mêmes. Il s'agit donc d'une transmission artisanale où les plus vieux transmettent aux plus jeunes un savoir-faire qu'ils pratiquent... Ce qui n'est pas toujours le cas à l'école où la langue qui se transmet (souvent l'orthographe, la grammaire enseignée en soi et pour soi, donc déconnectée de la fonction pratique de l'écrit) n'est pas forcément elle-même intégrée, pour eux-mêmes, par les maîtres[1].

Personnellement, je suis donc entré dans l'écriture imperceptiblement dans le cadre de cette éducation domestique... Comme je le raconte dans mon autobiographie[2], l'école m'enseignait une autre langue... Le savoir-faire acquis dans la famille n'a pas été un facteur de réussite en français au lycée... Il y avait alors un décalage important entre la langue de la maison et celle de l'école... Dès le début du XIXe siècle, certains éducateurs tentent de réduire cette coupure...

Ainsi, le livre de Jullien sera lu par des éducateurs, notamment des animateurs du mouvement de l'éducation nouvelle, qui tentent de réduire l'écart entre l'école et une écriture domestique. Henri Gouhier qui publia l'intégralité du *Journal* de Maine de Biran[3] nous apprend que les ouvrages du chevalier Jullien se trou-

1. André Chervel (linguistique) va même plus loin que moi dans son livre. Il montre que la grammaire enseignée au XIXe et au début du XXe siècle n'avait aucun sens scientifique et que le côté rébarbatif de l'enseignement de l'orthographe ne se justifiait même pas au niveau d'un contenu théorique. Dans l'école publique, il ne s'agissait uniquement, en définitive, que de mettre en place un projet d'assujettissement et de soumission de l'enfance. La grammaire, source de revenus pour les auteurs de manuels qui se sont battus contre les théorie du Père Grégoire voulant, dès 1810 donner priorité à l'enseignement de l'expression française, a été l'outil d'une aliénation et d'un abêtissement qui continue d'ailleurs encore... Derrière l'énonciation du projet d'apprendre à écrire à tous les petits Français, l'école n'a fait, depuis deux siècles, que désapprendre à écrire. Plus on était bon en orthographe scolaire, moins on écrivait, de peur de faire des fautes ! Combien d'agrégés de lettres n'ont jamais écrit une ligne pour eux !

2. R. Hess, *Chemin faisant, roman institutionnel d'un ethnosociologue de l'éducation*, Vauchrétien, Ivan Davy, 1996.

3. Maine de Biran, *Journal*, éd. intégrale publiée par Henri Gouhier, Neuchâtel, La Baconnière, trois volumes : 1954, 1955, 1957. Voir la note de H. Gouhier, tome III, pp. 59-62.

vent au Bureau de l'Institut d'éducation de M. Pestalozzi, à Yverdon, en Suisse. Il pense même que c'est par ce biais que le philosophe rencontre les travaux de Jullien qui vont déclencher l'écriture de son propre journal : "L'intérêt que Maine de Biran porte à la pédagogie de Pestalozzi a pu attirer son attention sur les techniques mises au point par le chevalier Jullien..." M. de Biran avait, en effet, ouvert une école pestalozzienne à Bergerac et fait venir un instituteur vaudois lorsqu'il était sous-préfet de la ville... On peut donc établir un lien entre Jullien, Pestalozzi, Maine de Biran, mais également entre ce type de méthode prônée par Jullien et l'éducation nouvelle, le Père Grégoire étant l'un des plus brillants représentants de ce courant, qui tente un rapprochement entre éducation *commune* et éducation *domestique*. Dans la méthode d'observation que propose Jullien, on a, en effet, l'impression de lire quelque chose de très proche de la "classe promenade" de Célestin Freinet...

*

Très tôt, peut-être parce que j'avais eu la chance de faire ma dernière classe de classe primaire avec un maître s'inspirant de l'éducation nouvelle, j'ai établi un lien entre l'éducation nouvelle et la transmission de l'écrit par le biais de ma famille. Et dans le même mouvement, j'ai acquis une conscience que l'école ne travaillait pas toujours sur des bases sérieuses en matière de formation à l'écrit... A partir de 1976, dans toutes les circonstances de mon activité enseignante (pouvant aller de l'enseignement du droit, de l'économie, de la pédagogie ou même de la danse), quand cela était possible, j'ai fait tenir à mes élèves ou étudiants des journaux.

MA PRATIQUE DE LA PÉDAGOGIE DU JOURNAL

Entre 1976 et 1983, à l'université, j'avais principalement comme "clients" des étudiants qui reprenaient des études après dix ou quinze ans d'activité professionnelle. Il s'agissait de travailleurs sociaux qui maîtrisaient assez bien le discours, mais assez mal l'écrit. Ils réussissaient jusqu'en licence, mais devant écrire un mémoire en maîtrise, ils bloquaient. Avec eux, l'écriture du journal m'a aidé à les faire passer de l'oral à l'écrit.

Sur le terrain de la formation d'enseignants où je me suis fortement investi ensuite, j'ai rêvé d'utiliser le journal à la manière de Miguel Zabalza[1], mais la technique n'a pas séduit les élèves-professeurs qui étaient très dépendants de l'institué de leur formation... A Saint-Jacques de Compostelle, M. Zabalza propose aux élèves-professeurs de tenir au jour le jour un journal de leurs difficultés tant didactiques que psychosociologiques (relation pédagogique, rapports à la classe)... Leurs descriptions de ces difficultés vécues en classe (premiers stages) sont lues tant par des formateurs spécialistes des disciplines que des psychopédagogues... ceux-ci interviennent alors pour aider le futur enseignant à répondre aux dilemmes du métier qu'il découvre....

Ma tentative pour réformer la formation des maîtres (j'avais fait le choix de rejoindre l'équipe de Reims qui s'est trouvée investie de cette mission au moment de la création des IUFM) en la basant sur l'écriture d'un "journal de formation" a été un échec... Je n'ai pas rencontré d'interlocuteur chez les gens qui avaient pris le pouvoir de mettre en place la réforme... Je continue à penser que la réforme des IUFM aurait pris une autre direction si cette technique avait pu être un outil structurant de la formation des enseignants... Elle aurait permis une réflexion, une réflexivité qui, malheureusement, ne peut guère s'amorcer dans les formes actuelles des formations existantes.

A Reims, entre 1990-1994, j'ai cependant utilisé la technique du journal dans un autre contexte : celui de mon amphi rempli d'étudiants de DEUG venant de toutes les disciplines. Je devais les initier aux sciences de l'éducation. A côté du cours que je prononçais devant 700 étudiants et que j'écrivais[2], je proposais à ces étudiants de tenir un journal de lecture. J'avais établi une bibliographie d'une trentaine d'ouvrages. Je demandais aux étudiants d'en choisir un, deux ou trois et de tenir un journal de lecture dans lesquels ils réagissaient à leur lecture continue durant le semestre... J'ai du recruter des chargés de cours pour lire ces 700 journaux qui m'arrivaient en fin de semestre et dans lesquels on trouvait toute une analyse du vécu étudiant qu'il aurait été vraiment intéressant d'élaborer à la manière de Zabalza pour mettre à jour les dilemmes

1. Je raconte sa pratique et la théorie qu'il en sort dans *Le lycée au jour le jour.*

2. C'est de ce cours que je me suis inspiré lors de la rédaction de *Des sciences de l'éducation*, Paris, Anthropos, 1997, coll. "Education-poche".

du métier d'étudiant (ce qu'à fait A. Coulon à Paris VIII à la même époque). Le temps m'a manqué pour mener à bien ce travail.

En 1994, de retour à Paris VIII, j'ai décidé de m'investir dans l'enseignement du tango comme support d'une pédagogie de l'analyse des rapports que les étudiants entretiennent à eux-mêmes, à l'autre, au groupe... Là encore, je leur demande de tenir un journal d'apprentissage du tango. Ainsi, bien qu'enseignant la danse, je leur propose aussi un apprentissage de l'écriture diaire... Certains ne sont pas dupes de mon projet. Ils voient bien la place que je donne à l'écriture dans mon enseignement de la danse... Avec moi, apprendre le tango, c'est évidemment apprendre à danser (tout Icarien sait et aime danser), mais c'est surtout apprendre à observer et à écrire[1]...

Je ne pense pas continuer à m'investir autant, dans les années à venir, dans la pédagogie du tango. Mon rêve serait de confier ce chantier que j'ai déjà bien déblayé à d'autres... Je souhaite en effet renouer avec des sujets plus théoriques (*l'éducation domestique*, par exemple)... Ce qui est certain, c'est que je continuerai à travailler sur le journal. Je voudrais aller plus loin dans l'exploration des relations entre l'écriture diaire et l'éducation nouvelle ! Je voudrais montrer une filiation entre Marc-Antoine Jullien, Edmond Demolins et Célestin Freinet... Concernant Marc-Antoine Jullien, j'ai découvert qu'il était entré dans l'écriture par une correspondance journalière avec sa mère durant toutes ses années de lycée (il était interne en ville alors que sa mère restait dans la ferme familiale)... Chez lui, la transmission de l'écriture a bien été domestique. Son père écrivait beaucoup aussi...

Il faudrait mettre en rapport cette construction de l'éducation domestique avec la démarche d'autodidacte qui fut aussi celle de Marc-Antoine Jullien et de beaucoup de pédagogues du XIXe siècle. L'autodidacte est un personnage un peu oublié pour lequel l'écriture joue un rôle très important[2].

---

1. R. Hess, *Le moment tango*, Paris, Anthropos, 1997 ; et *Les tangomaniaques*, Paris, Anthropos, 1998.
2. Voir à ce sujet les recherches de Christian Verrier, *Autodidaxie et autodidactes, l'infini des possibles*, 1998 (ouvrage à paraître dans la présente collection).

INTERLUDE 2

Extraits du journal *à propos de la rédaction du présent ouvrage* (suite)

Mardi 17 février 1998

JE DONNE À JEAN-MANUEL mon journal de la Réunion.

Discussion avec Lucette à propos de notre travail éditorial. Nécessité de faire le point avec Jean Pavlevski.

Mercredi 18 février

En lisant le n° 11-12 de la *Lettre du réseau interculturel et éducation*, (déc. 1997-janvier 1998), je découvre à la page 9 que le prochain colloque de l'association française d'éducation comparée (Afec) a lieu du 27 au 29 mai 1998 sur le thème : "L'histoire et l'avenir de l'éducation comparée en langue française et Europe et dans le monde, en l'honneur du 25e anniversaire de l'association et du 150e anniversaire de la mort de Marc-Antoine Jullien." C'est vraiment bizarre comment ce M.-A. Jullien me poursuit depuis le 5 janvier. Je le vois partout, tous les jours, maintenant... Il faut que je m'inscrive à ce colloque... Hier, je relisais mon livre sur *La pratique du journal, l'enquête au quotidien* : mon projet de départ s'est trouvé totalement transformé par la découverte de Jullien... Jusqu'où me conduira-t-il ?

Vendredi 20 février

Aujourd'hui, je présente le livre de Paul à la Fnac de Reims à 18 h.

J'ai l'idée de constituer une "caisse" de livres sur l'éducation nouvelle, thème d'un prochain ouvrage. J'hésite encore entre un livre synthétique sur cette question ou un livre intitulé *Sept pédagogues pour aujourd'hui*, dans lequel je présenterai Schleiermacher, Marc-Antoine Jullien, le Père Grégoire, Tolstoï, Edmond Demolins, Wenecker, Cécil Reddie (Bédales). Je comprends l'importance individuelle de chacun, mais en plus je m'aperçois qu'ils sont essentiels concernant la pédagogie de l'écriture (Jullien, Grégoire, Tolstoï) ou concernant la posture "éducation domestique". Schleiermacher est à part. Mais, il est l'inventeur de l'herméneutique en pédagogie (l'article dans le *Dictionnaire des philosophes* est plus que faible ; il ne parle que de la dimension théologique de Schleiermacher ; le mot d'"herméneutique" n'est pas même prononcé)... Il faut le faire découvrir en France. L'intérêt de mon livre serait de montrer que sur le terrain de l'*éducation nouvelle*, l'autoformation des enseignants est européenne. Tous les pédagogues alternatifs se connaissent, se lisent... cherchent à se faire influencer les uns par les autres... Ce serait l'occasion de montrer que l'école européenne est en pointillés du côté de l'éducation nouvelle. Le journal s'inscrit dans la démarche herméneutique.

Vers 9 h 30, alors que je termine la lecture de Tolstoï, coup de fil de Jean Pavlevski. Il me dit qu'il voudrait me voir. On prend rendez-vous pour lundi matin. Il me dit qu'il voudrait faire passer mon livre *La pratique du journal* dans une autre collection... On reporte la discussion à lundi... En fait, dès le départ de ce projet, il n'était pas chaud pour publier ce livre dans cette collection. Dès septembre 1995, date à laquelle j'ai du lui faire la liste des ouvrages que je voyais dans cette collection "ethnosociologie", il avait voulu écarter ce titre.

Lundi 23 février

J'ai perdu mon carnet. Du coup, j'arrive chez Anthropos un peu avant 11 h. Jean Pavlevski n'est pas là. J'ai peur... Lorsqu'il arrive, il me dit qu'il ne connaît que deux personnes qui aient un sens aussi poussé que moi de l'édition. Il me propose de déjeuner avec lui. Il fait retenir une table au *Volant* "l'un des tout meilleurs restaurants de Paris". Nous y arrivons les premiers. Je prends une côte de bœuf ; Jean préfère un plat de poisson. Il choisit une bonne bouteille de Bordeaux... Puis nous causons. Jean m'explique pourquoi il lui semble que mon livre sur le journal aurait sa place dans une autre collection qu'"ethnosociologie-poche" :

> "En poche, il ne faut mettre que des ouvrages de synthèse et non des livres de recherche. Ce n'est pas le même public..."

Il semble, bien qu'il ne me le dise pas, qu'il ait jeté un coup d'œil sur mon livre et qu'il ne le juge pas adapté au profil d'une collection de poche.

> "C'est très curieux, ce que tu me dis. Il y a trois ans, lorsque nous nous sommes rencontrés pour la première fois et que tu m'as demandé de dresser une liste des ouvrages qui pourraient se faire dans cette collection de poche, en lisant ma proposition sur laquelle figuraient une trentaine de titres, tu as déjà bloqué sur ce livre sur le journal.
>
> – Ah oui ! Je ne me souviens plus.
>
> – Je veux bien croire... Mais cela montre une constante dans ta pensée. Ce qui est curieux, c'est que, dans le livre lui-même, j'exprime l'idée que je pourrais aller plus loin avec ce livre, que je suis contraint par les 220 000 signes... de la collection de poche.
>
> – Tu vois !
>
> – Oui, mais en même temps, j'aurais envie d'avoir un titre à moi dans cette collection qui compte déjà 12 titres et dans laquelle je n'ai pas encore publié !
>
> – Ce n'est absolument pas un argument. Tu dois reprendre ton manuscrit, en faire un vrai livre qui intéresse ceux qui travaillent sur le "journal", mais il s'agit d'un public relativement limité..."

Je ne contredis pas Jean, mais je ne suis pas d'accord sur ce fait.

> "... Tu écris si facilement que tu feras un autre livre. Ce n'est pas important que tu aies le treizième ou le quinzième titre."

Jean me fait alors parler de *La théorie des moments,* ouvrage pour lequel j'ai déjà un contrat dans cette collection de poche.

Jean est enthousiaste de ce que je lui raconte sur cette théorie. Là, il pense effectivement que c'est un livre qui a sa place dans cette collection de poche... Puis nous parlons de l'éducation domestique, autre sujet qui le passionne. Là encore, il faut faire un "poche" sur ce thème...

Je remercie Jean de cette discussion :

> "Cela me fait plaisir de pouvoir parler avec toi. Un auteur, il a son directeur de collection. Moi, en tant que directeur de collection, je n'ai personne à qui causer de mes projets d'ouvrage... Cela me fait vraiment plaisir que tu aies pu me donner ce temps."

Jean me donne des services de presse supplémentaires du Paul Hess... Je repars heureux. Pourtant, quelque part, je me dis que c'est difficile de remettre mon livre sur le chantier. Je le croyais terminé... D'où repartir ? De Miguel Zabalza ? Je ne dois pas me laisser aller. Il faudrait aussi que je fasse de mon journal interculturel un vrai journal indexicalisé. Le titre possible : *La découverte de l'autre*. L'ensemble de ma recherche sur le journal est remise en chantier ! Quel boulot ! Jean est vraiment un "éditeur". Il me prend au sérieux comme auteur. Un livre est un produit d'équipe... Même si je pense que le journal pouvait faire l'objet d'un livre de poche, je dois prendre en compte son sens du métier et foncer dans l'espace qu'il ouvre plutôt que de regretter l'espace qui se ferme.

Mercredi 4 mars

A la fac, je rencontre G. Lapassade, assez fatigué. Je ne veux pas lui parler de ses histoires de dialyse. Je mets la conversation sur son travail d'auteur. Il m'explique que c'est la seule chose qui le sorte de ses ennuis personnels... Je lui montre *Les cahiers de l'implication*, la nouvelle revue d'analyse institutionnelle que m'a offert René Lourau hier et que j'ai dévorée d'un trait hier soir. Georges trouve que l'écriture est la seule chose qui lui fasse oublier sa maladie... Je le reconduis à Saint-Denis où il me montre la maison qu'il va acquérir juste en face de la fac.

Vendredi 6 mars

En me levant, contrairement à mon habitude, je ne rédige pas mon journal... Sur mon répondeur, un message de Patrick Tapernoux. Il attend que je lui porte le travail de Léandre Coudray dont la soutenance est mardi prochain. Je décide de quitter mon domicile où j'aurais aimé me remettre à mon livre sur le journal, et je pars dans le quartier latin... Patrick me demande de parler de moi :

> "Je me suis fais refuser un livre. Sur le journal. Il faut que je le développe. Cela me pèse. Connais-tu Marc-Antoine Jullien ?
>
> – Oui. Nous avons des livres de lui à l'ISP.
>
> – C'est pas vrai ! Allons-y immédiatement."

Dans la réserve, on trouve un livre de 1816 un *Exposé de la méthode de Pestalozzi*, réédité en 1842 (543 pages). Je le dévore pendant quelques temps, puis je dois me rendre à l'évidence, je ne le finirai pas avant midi. J'en fais photocopier le sommaire... Discussion amicale avec la bibliothécaire. Je lui dis que j'aimerais bien rééditer Marc-Antoine Jullien... mais que ce livre est vraiment impressionnant...

Je passe ensuite à l'INRP où je sais que je peux trouver des choses sur mon auteur fétiche... Je monte vers le Panthéon, fais une petite halte dans un restaurant sur le route (la bibliothèque doit être fermée entre midi et 14 h) puis reprend mon périple. En arrivant, je me jette sur le fichier "auteurs". Oui, il y a du Marc-Antoine... Les livres de Marc-Antoine sont interdits au prêt. Il faut même avoir une autorisation du conservateur pour les retirer... Il faut trouver un prétexte pour obtenir ces livres. J'écris : "Rédaction d'un livre sur l'auteur à l'occasion du 150e anniversaire de sa mort". Cela marche. Ils sont dans une réserve spéciale. Pendant qu'ils sont acheminés (cela demande un quart d'heure), je me lance dans la lecture de l'*Esquisse sur l'éducation comparée* (1817) rééditée en 1962 par l'Unesco. Intéressant. J'ai aussi commandé la thèse de Goetz... En attendant qu'elle arrive, je photocopie l'ouvrage de 1962. Cela sera toujours ça.

Le livre de Goetz, *Marc-Antoine Jullien, de Paris* est imprimé serré. Il est écrit autrement que ce que j'aurais pu imaginer d'un allemand. La bibliographie est géniale. Bon. Il faut que je photocopie ce livre... Mais il y a une telle queue à la photocopieuse que j'y renonce. Il faut que je réussisse à sortir ce livre. La personne à qui je m'adresse me dit qu'il faut l'autorisation de la conservatrice. Elle l'appelle :

> "Ah, c'est vous qui avez sorti ces ouvrages ! Oui, vous pouvez sortir celui-ci... Pourquoi M.-A. Jullien vous intéresse-t-il ?"

Dimanche 8 mars

Je passe la journée dans le dossier Jullien. Je lis entièrement la thèse d'Helmut Goetz, traduite, revue et éditée en français en 1962. Passionnant par les indications du travail qui reste à accomplir pour vraiment connaître ce personnage. La bibliographie recense 350 travaux de lui dont des ouvrages de plusieurs centaines de pages... C'est une œuvre considérable, un personnage hors du commun. Il a des côtés Edgar Morin. Je me retrouve aussi pas mal en lui, notamment par sa passion de l'édition (il a dirigé plusieurs journaux et revues). Je suis écrasé par mes découvertes. Cela m'asphyxie au niveau de mon projet d'écriture.

Heureusement, au courrier, j'avais aussi une lettre de Driss Alaoui de la Réunion qui m'explique qu'il attend mon livre sur le journal. C'est un fil à ne pas perdre pour m'organiser.

Samedi 28 mars

Réunion de chercheurs à l'Ofaj... Alors que les autres parlent, je pense que je devrais publier mon journal interculturel. Il doit être plein de malentendus. Mais en les donnant à lire, je pourrais ainsi les rendre productifs... J'explore plusieurs titres possibles : *Éducation et interculturalité, La découverte de l'autre 1* est celui qui me plaît le plus...

Christoph travaille à la construction du dispositif d'observation de cours que nous avons décidé hier. On prend même des dates pour partir à Berlin en décembre... Qui veut-on observer ? Peut-on nous-mêmes, à tour de rôle, être l'enseignant observé ? Nécessité de faire des entretiens, après l'observation, avec l'enseignant, les étudiants... On parle aussi des observations-participantes. Peut-on filmer ce que nous voyons ? demande Christoph. Ursula s'y oppose. Nous expliquons, Lucette et moi, les problèmes des observations participantes rencontrés sur le terrain de l'école primaire. Christoph pense que ce sera différent à l'université... Nous n'en sommes pas persuadés. C'est toujours difficile d'avoir des enquêteurs en face de soi... J'explique que pour moi le journal est le meilleur outil d'observation-participante...

Mercredi 15 avril

...Hélène me dit qu'Yves, parti ce soir à Lyon, a trouvé, par hasard, beaucoup de choses sur Marc-Antoine Jullien à la Bibliothèque nationale... Il me faudra l'y accompagner...

Mercredi 22 avril

Rencontre, chez Anthropos, avec Jean Pavlevski... On fait le point sur le travail. Il accepte la collection "Classiques d'hier et d'aujourd'hui". Je lui parle ensuite de plusieurs manuscrits dont mes journaux sur la danse et sur l'interculturel :

"Si tu penses qu'il y a un public, tu as le feu vert...

– Oui, il existe. Mon journal interculturel s'intitulera *La découverte de l'autre...*"

En rentrant, j'ai fait mon rapport à Lucette qui m'a dit :

"Tu publies trop de journaux à l'heure actuelle.

– Oui, mais c'est mon thème de recherche actuellement..."

Mardi 28 avril

Au réveil, je prends conscience que je n'ai pas répondu à la proposition de poste à Cottbus pour un prochain semestre. Marie-Therese m'a demandé d'envoyer un curriculum vitae et un projet. J'en parle avec Lucette. Comment vivre cette expérience d'un semestre entier en Allemagne ? C'est un projet que nous avons depuis longtemps et qui nous permettrait de faire tout un travail de lectures, de recherches. Comment l'organiser au mieux ? Comment le structurer ? Autour de quelle thématique ? Mon rêve serait de tenir un "journal de recherche" directement en allemand. Je serais content de moi si je parvenais, une fois dans ma vie, à écrire un livre directement en allemand... C'est un exercice important pour entrer vraiment dans une langue... Parler est une chose. Ecrire et publier en est une autre !

L'ISP m'autorise à sortir pour deux mois le livre de 1916 de Marc-Antoine Jullien (*La méthode de Pestalozzi*) pour le rééditer. C'est un ouvrage de 550 pages...

L'après-midi, je vais à la fac initier Charlotte, ma fille, à l'usage de la nouvelle bibliothèque. J'en profite pour lire les 35 pages consacrées à Marc-Antoine Jullien dans la thèse de Jacqueline Gautherin (*La formation d'une discipline universitaire : la science de l'éducation de 1880 à 1914*, soutenue à Paris V en 1991). Intéressant, encore qu'il s'agisse du résumé de quatre livres de l'auteur que j'ai déjà lus (*Le traité d'éducation, L'emploi du temps, L'éducation comparée, La méthode de Pestalozzi*)... Pour aller plus loin, il va me falloir aller à Moscou consulter les archives Jullien (Institut Marx-Engels-Lénine)... Peut-être pourrais-je être aidé, pour ce faire, par Volker Saupe qui parle russe couramment ?

27-29 mai

Colloque de l'Afec. Je rencontre tous les chercheurs ayant travaillé ces dernières années sur Marc-Antoine Jullien. J'apprends énormément de choses.

5 juillet

Je fais des demandes de contrat pour *Les tangomaniaques* et *Pédagogues sans frontière*.

7 août

Ayant reçu mes contrats, je me mets à la relecture de mes manuscrits. Je les envoie en fabrication.

Lundi 10 août

Ecrivant un texte sur Ligoure, je suis amené à me replonger dans un journal tenu en août 1997 sur le stage de Ligoure... Dans ce lieu, j'ai animé des stages entre 1981 et 1998. Il s'agit d'une expérience formidable dont je cherchais à rendre compte de manière didactique... Finalement, lors de la session d'août, j'ai tenu un journal intensif (une centaine de pages en huit jours). Je suis très heureux de retrouver ce texte qui fait bien partager l'ambiance de Ligoure...

Je pense qu'il me faut terminer *La pratique du journal.* Comment l'augmenter de quelques feuillets pour que ce livre ait sa place dans la collection *Exploration interculturelle* ? Je vais attendre de corriger les épreuves de mes journaux pour y puiser les idées que je pourrai reprendre dans mon livre réflexif.

Vendredi 4 septembre

Réunion de travail à l'Ofaj avec Jacques Demorgon, Marie-Therese Albert, Christoph Wulf, Edmond-Marc Lipianski, Ursula Stummeyer et Magaï. Il y a aussi des animateurs de rencontres de base... L'objectif de la réunion : préparer un petit colloque à Berlin fin octobre...

A midi, à table, Jacques Demorgon me demande un article sur l'approche biographique, pour un livre collectif qu'il prépare pour Retz... Ecrire l'interculturel passe-t-il par de nouvelles formes d'expression ? Analyser l'interculturel dans l'ici et maintenant est délicat. Il faut partir du présent, mais aussi remonter dans le passé pour comprendre l'horizon des mots, ce que les gens ont dans la tête lorsqu'ils disent ceci ou cela... Delà, revenir au présent pour envisager le futur !

Je suis amené à parler de ma recherche sur le journal. Tout le groupe présent est intéressé par *Pédagogues sans frontière.* Ursula dit qu'elle voudrait le lire, car peut-être que ce texte pourrait intéresser l'Ofaj... Christoph dit qu'il n'a jamais écrit de journal. Il explique pourquoi...

Mardi 22 septembre

Je passe chez Anthropos : je prends le deuxième jeu d'épreuves de mes deux livres : *Les tangomaniaques* et *Pédagogues sans frontière*, puis je file à Angers où je préside un jury... Je parviens à y faire une photocopie de *Pédagogues sans frontière* que je destine à Ursula Stummeyer.

Mercredi 23 septembre

Je vais porter la copie de *Pédagogues sans frontière* à Ursula qui me promet de lire très vite cet ouvrage pour me dire s'il peut être soutenu par l'Ofaj.

Vendredi 24 septembre

Je termine la relecture des *Tangomaniaques*. Je rédige la 4e de couverture. Je vais porter le tout chez Anthropos... Le soir coup de fil d'Ursula qui a lu 210 pages de *Pédagogues sans frontière*. Le livre lui plait. Ce n'est pas impossible qu'il soit soutenu par l'Ofaj !

Samedi 25 septembre

Très tôt, je me mets à la relecture de *Pédagogues sans frontière*. Stimulé par le jugement d'Ursula, je parviens à finir ma relecture vers 18 h... Volker Saupe arrive alors ; je viens de terminer l'écriture de la 4e de couverture... J'avais oublié la venue de mon collègue allemand. Dans ma tête, je me mettais immédiatement sur *La pratique du journal* pour ne pas perdre les idées que j'ai sur le journal...

Dimanche 26 septembre

Pendant que j'écris, Volker (qui rentre d'un stage de langue à La Rochelle), se plonge dans la lecture de *Pédagogues sans fron-*

tière qu'il commente au fur et à mesure. Le passage de l'allemand au français m'est pénible dans mon effort de concentration sur mon texte... Pour lui, ma forme d'écriture serait impossible en Allemagne ! Malgré sa présence, je parviens à avancer ce livre. Il me faut le rendre demain, car Tamara Timmers, la claviste qui fabrique le livre, est disponible. Elle n'a pas de livre en cours !

Lundi 27 septembre

Jaâfar Khattabi, le traducteur arabe de mon livre *Des sciences de l'éducation*, me demande un texte sur le journal que j'ai rédigé à partir de mon introduction à *La pratique du journal*... Ce texte paraîtra dans les *Dossiers pédagogiques* que fait paraître Ahmed Lamihi à Tétouan, dans le numéro spécial sur *L'ethnographie de l'école*.

Rennes, 28-30 septembre

En compagnie de Christine Delory, je participe au colloque sur *Les histoires de vie*. On y rencontre Jean-Louis Legrand, Philippe Lejeune, Gaston Pineau, Vincent de Gaulejac... et bien d'autres... Ce colloque me fait mieux comprendre les liens entre tenue du journal et projet d'histoire de vie. Je fais d'ailleurs une communication sur le sujet, à partir de ce que j'ai pu écrire ces jours-ci en conclusion à *La pratique du journal*... Au retour, avec Christine, on pense la réécriture de sa thèse... Je vais faire passer son livre *Les histoires de vie*, qu'elle termine, initialement prévu pour *Ethnosociologie* dans la présente collection. Son livre sera le pendant, pour les histoires de vie, de celui-ci pour le journal. Ces deux méthodologies sont des ressources indispensables dans le travail de l'interculturel.

Dimanche 4 octobre

A Reims, c'est la Saint Rémi. Avec Romain, je visite l'exposition "Les Rémois en 1918, de l'évacuation au retour" à l'ancien collège des Jésuites... Le livre de Paul est exposé. Son nom apparaît dans des coupures de presse de l'époque... Ma mère est heureuse de nous voir, Benoit aussi !

Lundi 5 octobre

Je réécris mon article "Moment de l'édition", pour le n° 2 des *Cahiers de l'implication*... Je n'ai pas suffisamment utilisé les concepts développés dans le n° 1 pour développer ma réflexion sur le journal. Il me faudrait le relire et travailler davantage les idées d'objet phénique et de transduction dans leur relation à la pratique du diariste... Je reporte à Caroline Hugo la couverture des *Tangomaniaques*. J'en propose une modification à partir de maquettes qu'elle avait préparées.

Mardi 6 octobre

Je fais mon texte sur "L'écriture biographique comme moyen d'explorer l'interculturel" pour Jacques Demorgon (livre pour Retz) dont *L'histoire interculturelle des sociétés* vient de paraître dans cette collection... Ce dernier livre comporte un chapitre sur la transduction chez R. Lourau. C'est très bon... Avec Lucette, nous travaillons à la rédaction de notre catalogue. C'est un travail minutieux qui nous oblige à résumer, donc à évaluer la cinquantaine de livres publiés depuis trois ans, et à penser nos projets éditoriaux pour 1999. Quels nouveaux livres susciter ? Je téléphone à Jean-René Ladmiral pour lui demander un livre d'urgence... Evidemment, l'urgence n'est pas vraiment le rapport à l'écriture qu'il préfère... mais il me promet quelque chose.

Mercredi 7 octobre

Je cherche à joindre Gilles Tissot à l'Office franco-allemand pour la jeunesse... Il est en voyage. Il ne rentre que lundi. C'est lui qui peut me donner la réponse concernant *Pédagogues sans frontière*. Sera-t-il publié "avec le concours de l'Ofaj", ce qui signifierait un achat et une diffusion rapide de 350 exemplaires ?

Je travaille à la correction des épreuves de *Parcours, passages et paradoxes de l'interculturel*... Ce livre que je coordonne avec Christoph Wulf rassemble des contributions de douze universitaires allemands et français faisant le bilan de vingt années de recherches interculturelles, en hommage à Ewald Brass, fondateur de l'école de recherche de l'Ofaj à laquelle je suis fier d'appartenir... Ce travail m'absorbe. Je suis passionné par cet ouvrage. C'est l'occasion d'appeler au téléphone Michel Bernard, Jean-René Ladmiral, Jacques Demorgon... pour les féliciter pour la qualité de leurs textes et parfois leur demander de l'aide dans cette relecture...

Mon chapitre est autobiographique : "Les chemins de l'interculturel" est un itinéraire de recherche. Il complète bien *Pédagogues sans frontière*... En même temps, cette accumulation de textes biographiques de ces dernières semaines me donne l'envie de me remettre à des textes théoriques... Avec Lucette, nous faisons le projet, de nous atteler, sans nouvel échappatoire, à *L'enfant, l'école et l'étranger* qui sera un livre théorique... Mais, pour moi, le passage par le journal a été nécessaire. Je prends l'engagement, vis-à-vis d'elle, de suspendre toute écriture diaire tant que je ne serai pas parvenu à finir mes ouvrages théoriques en cours... Peut-être la fièvre du diariste observant obsessionnellement le quotidien empêche-t-elle l'écriture froide, suivie et distancée, nécessaire pour produire un texte théorique ?

La parution simultanée de mes 4 ouvrages va me permettre de rattraper mon retard... Il ne me restera plus qu'à terminer quelques manuscrits dans lesquels j'ai un texte à produire (*Le mandarin et le clandestin*, *Université et interculturalité*, *Les danses latines*, *Ecrire la danse*, *Le dictionnaire de psychosociologie*), pour être à jour avec le programme que je m'étais fixé avant le décès de mon père en janvier 1997... Cette disparition a entraîné une nécessaire implication (avec mon frère et mes sœurs)... dans la prise en charge de notre mère. Cela m'a profondément désorganisé tant au niveau psychologique qu'organisationnel...

Vendredi 9 octobre

J'apprends par Tamara que les épreuves de *La pratique du journal* arriveront lundi prochain... Nombreux échanges téléphoniques avec Ursula Stummeyer qui relit, parallèlement à moi, les épreuves de *Parcours*...

Dimanche 11 octobre

Longue conversation téléphonique avec Georges Vigarello. Il me redit l'intérêt qu'il a porté à l'édition de *La vie à Reims pendant la guerre de 1914-1918*. Il m'encourage à poursuivre dans cette voie...

Lundi 12 octobre

Réveil à 5 h 30. La journée sera longue. Cherchant une idée de couverture pour *La pratique du journal*, je me plonge dans la lecture des carnets de Paul Hess concernant les années 1939-1947... Je pourrais prendre une page de ce journal comme illustration... Au courrier, nouvelle couverture des *Tangomaniaques* qui me convient ; arrivée également de celle de *Pédagogues sans frontière* qui est très belle... Rapport élogieux d'Alain Montandon concernant la thèse d'Anne Décoret que je suis fier d'avoir dirigée... et dont j'espère bien publier l'œuvre !

Gilles Tissot m'annonce que l'Ofaj soutient l'édition de *Pédagogues sans frontière*. J'en suis très heureux, car je pense que la technique du journal peut faire avancer la recherche interculturelle... et c'est une chance, pour moi, que les animateurs, formateurs et chercheurs de l'Ofaj puissent lire cet ouvrage. Cela pourra leur donner l'idée de tenir des journaux...

Journée intense à la fac, où nous avons une réunion de l'équipe du DEA. Mes collègues me trouvent euphorique et optimiste... Bernard Charlot termine un ouvrage qu'il pourrait envisager de nous donner ! Cela me fait vraiment plaisir... Je passe ensuite chez Anthropos : je ramène chez moi les épreuves de cet ouvrage. Je me mets immédiatement à la correction. Finalement, tel qu'il est, *La pratique du journal* me semble bien. L'idée de publier ce journal d'un livre aide bien le lecteur à comprendre comment je suis parvenu à le faire, et même plus généralement le sens que peut avoir la tenue du journal.

Alors que je termine la relecture de ce livre, ma fille Hélène me téléphone. Elle passe avec Yves. Hélène me parle d'abord de son travail d'attachée de préfecture... En ouvrant une bouteille de cidre breton offert par les parents d'Yves, je montre à mes visiteurs les "nouveaux carnets" de Paul sur la période 1939-1947... Plus de 400 pages de notes fines, indexicalisées... Hélène lit des pages à haute voix... En bon chartiste, Yves feuillette l'ensemble. Pour lui, ces carnets sont encore plus intéressants que *La vie à Reims pendant la guerre de 1914-1918*. Paul y apparaît moins "héroïque", donc plus humain. "C'est la guerre ordinaire que décrit ton grand-père", commente Yves. Je lui montre aussi le journal d'exode de Pauline... On décide d'éditer tout cela... Cela sera encore un gros chantier... Mais à travers ce texte, Hélène découvre un gros morceau d'histoire de la famille (la rencontre de ses grands parents y est longuement décrite)... et puis "il y a encore beaucoup de gens qui ont vécu cette période, cela ne peut que les passionner", conclut Yves...

Je sens que je n'ai pas fini de travailler sur le journal ! Hélène pense qu'ensuite ce sera à elle de prendre le relais pour la génération de ses grands parents ; elle pense que je ne peux pas publier le journal de ma mère. Il faut attendre encore, pense-t-elle... Elle pourra se mettre à cette tâche. Elle aura assez de distance pour le faire...

Mardi 13 octobre

A Saint-Denis, je partage un repas très amical avec Hubert Godard... Nous nous expliquons l'un à l'autre le sens que nous donnons à ce que nous essayons de faire sur le terrain de la danse... Puis, je me replonge dans les dernières tâches indispensables pour que *La pratique du journal* puisse partir définitivement chez l'imprimeur... Je relis encore une fois ces dernières pages du journal du livre, avant d'aller porter mon ouvrage chez Anthropos.

CONCLUSION

JOHN LOCKE A MIS AU POINT UNE TECHNIQUE DU JOURNAL dont l'objet n'est pas tant le "moi" (objet du journal intime) que les expériences et les idées que l'on peut avoir au cours d'une vie, car

> "il n'y a presque rien d'aussi nécessaire pour le progrès des connaissances, pour la commodité de la vie et l'expédition des affaires, que de pouvoir disposer de ses propres idées ; et il n'y a peut-être rien de plus difficile dans toute la conduite de l'intelligence, que de pouvoir s'en rendre tout à fait le maître[1]."

Et pour mettre en ordre ses idées, cette technique du journal lui semble bien la meilleure :

> "Rien ne peut contribuer davantage à obvier aux inconvénients et aux difficultés qui embarrassent un esprit sans ordre et sans règles, que l'arrangement et la disposition régulière de nos pensées dans un journal bien ordonné, qui, en présentant de suite une foule d'idées précises sur un point intéressant, serve à écarter, à supprimer une foule de notions étrangères au sujet, et à fixer l'attention sur le vrai point que l'on veut méditer[2]."

---

1. John Locke, *Traité sur l'Entendement humain*, vol. 3, Londres, 1714, p. 425.
2. John Locke, *Lettres sur l'étude*, vol. 8, Londres, 1742-1752.

M.-A. Jullien dont nous continuerons à lire l'œuvre oubliée dans les années qui viennent a été une étape importante dans la construction de cette technique de recherche. Son importance vient du lien qu'il établit entre l'éducation et l'écriture diaire. Pour justifier le travail qu'il propose à chacun d'entre nous, Marc-Antoine Jullien inscrit la tenue du journal dans une chaîne qui permet, étape après étape, d'imaginer un progrès de l'humanité. Il s'appuie sur Pascal qui observait que

> "par une prérogative particulière, non seulement chacun des hommes s'avance de jour en jour dans les sciences, mais tous les hommes ensemble font un continuel progrès, à mesure que l'univers vieillit ; parce que la même chose arrive dans la succession des hommes, que dans les âges différens d'un particulier, en sorte que toute la suite des hommes, pendant le cours de tant de siècles, peut être considérée comme un homme qui subsiste toujours et qui apprend continuellement",

et Marc-Antoine Jullien commente :

> "Eh bien ! Que chacun, excité par l'exemple des efforts et des succès de nos ancêtres, par la contemplation des espaces immenses qu'ils ont traversés, pour nous conduire à l'époque de civilisation, où nous sommes parvenus ; que chacun, dis-je, appliquant ces réflexions à la position où il se trouve, soit jaloux, dans sa position et dans sa sphère, non seulement de ne pas rester inférieur à ceux qui s'y sont distingués avant lui, mais encore de les dépasser, comme ils ont eux-mêmes dépassé leur devanciers, et d'imprimer ainsi à son art particulier une marche progressive." (p.106)

Cette foi pour le progrès constant de l'humanité mérite évidemment quelques nuances. L'auteur écrit à une époque où les "lumières" de la science apparaissent accessibles à tous et où on imagine que l'emploi de la raison permettra un développement constant du bonheur de l'humanité... Depuis, l'École de Francfort, analysant l'expérience du nazisme, a montré la complexité de la "dialectique de la raison". Les progrès de la science, la rationalité peuvent se retourner contre le bonheur du monde...

Il n'en demeure pas moins que le côté humble et domestique du programme de Marc-Antoine Jullien nous a vraiment passionné et que nous partageons avec lui l'idée que la tenue du journal permet de mieux se construire son identité et qu'elle aide à aider les autres à construire la leur. Nous constatons que l'observation quotidienne et minutieuse donne, sinon une sagesse, du moins une certaine distance par rapport aux choses et par rapport à soi-même. De plus, c'est un passage nécessaire pour clarifier ses propres idées et, donc, se donner les moyens de produire quelque chose de personnel.

Le tenue d'un journal pendant une longue durée permet de disposer de ses propres pensées sur tout ce que l'on a pu voir et rencontrer... Du coup, disposant d'une vaste banque de données personnelles, on se trouve capable d'improviser sur des sujets très variés... et ce, d'autant plus, qu'on est capable, par l'indexicalisation, de construire un hyper-texte de ce journal (table analytique).

En fait, tenir un journal, c'est être en perpétuelle recherche, en disponibilité permanente pour apprendre de l'école de la vie. Une étape importante de la recherche consiste à relire, puis faire lire son journal, à le rendre public. De ce point de vue, il ne faut plus concevoir le journal comme un écrit pour soi, mais un écrit pour l'autre.

*

En même temps, la pratique du journal peut être une étape dans la construction d'une histoire de vie. Lorsqu'en 1996, répondant à une offre d'Ahmed Lamihi, j'ai écrit et publié ma première histoire de vie, élaborée de façon un peu systématique (*Chemin faisant, roman institutionnel d'une ethnosociologue de l'éducation,* j'ai choisi de l'organiser autour de mon rapport à l'école (mon passé d'élève, la construction de mon identité de prof. de lycée entre 1971 et 1983, mon métier de formateur d'enseignants, les problèmes auxquels je suis confronté aujourd'hui dans ce métier d'universitaire qui est maintenant le mien...).

Ainsi ai-je choisi d'écarter d'autres dimensions de ma personnalité : la danse, par exemple, ma relation aux femmes, mon rapport à la lecture ou à l'écriture qui pourraient faire l'objet d'autres volumes (*Chemin dansant, Chemin de lectures, Chemin d'écritures,* etc.)... L'idée de cette histoire de vie en plusieurs tomes est de ne pas fermer le projet, mais de l'ouvrir. Il s'agit de construire l'histoire de vie à partir de "moments" (espace-temps investis par le sujet). Chaque moment peut lui-même être subdivisé en plusieurs moments. Cette théorie des moments explique la construction de l'identité autour de situations qui se répètent dans la vie et qui forment une sorte de cadre formel existentiel dans lequel le sujet gère ses dissociations... Cette perspective a l'intérêt de ne pas penser l'autobiographie comme une suite chronologique de plusieurs tomes, mais comme un travail régressif-progressif pouvant être remis sur le chantier à plusieurs périodes de sa vie en prenant à chaque fois un nouveau biais.

Comment explorer ces "moments" de manière rigoureuse autrement qu'en tenant des journaux ? En 1996, préparant l'édition d'un des journaux de mon grand-père, ayant décidé de réfléchir systématiquement à la nature du journal ethnosociologique, je me suis lancé dans une écriture diaire organisée autour de mes grands moments existentiels : mon rapport à la danse, ma recherche sur la pédagogie interculturelle, mon métier de père (ce journal reste "intime" bien que j'aie pu le faire lire à quelques chercheurs spécialisés sur la question de la paternité), mon métier de fils, mon métier d'archiviste...

Voulant prendre un peu de recul par rapport à cette écriture diaire assez absorbante, j'ai cru devoir écrire cet ouvrage de synthèse sur la pratique du journal qui soit aussi une mise en perspective historique. Découvrant, par le plus heureux des hasards (le cadeau d'un ami), le livre de Marc-Antoine Jullien sur l'utilité de la tenue des journaux pour apprendre à connaître ses propres pensées, j'ai tenté de produire un ouvrage de synthèse se démarquant des recherches antérieures sur le journal intime... J'ai trouvé chez Marc-Antoine (il est devenu un membre de ma famille), l'idée d'une indexicalisation des journaux permettant une lecture thématique ciblée des milliers de pages que produit le diariste... Cette exigence de l'indexicalisation, je ne l'ai pas mise en pratique dans *Les tangomaniaques* ou *Pédagogues sans frontière*. Pourquoi ? En fait, l'index des noms de personnes dans *Le moment tango* a servi a beaucoup de mes lecteurs à lire les passages les concernant en refusant de mettre ces passages dans le mouvement général du journal... J'ai donc décidé de dissocier l'index de l'édition du journal lui-même. Je ne cache pas mes contradictions... La méthode du journal que je pratique n'en est qu'à ses débuts... Je ne suis pas encore tout à fait assuré dans toutes les consignes que je me donne...

La question qui est la mienne aujourd'hui est la suivante : le journal n'est-il pas un passage obligé pour dégager les "moments" qui permettent la construction de l'identité du sujet et donc l'élaboration de son histoire de vie ? N'est-il pas un outil privilégié de formation ? N'est-il pas un moyen de *surfer* sur la dissociation du quotidien qui fait sombrer le sujet dans la dispersion et l'atomisation ?

BIBLIOGRAPHIE

BRESARD Suzanne, *L'écriture, empreinte de l'homme*, Toulouse, Privat, 1976.

BÜHLER Charlotte, *Mädchentagebücher*.

CABET Étienne, *Voyage en Icarie* (1840), 6e édition, Paris, Anthropos, 1970, 600 pages.

CHERVEL André, *Et il fallut apprendre à écrire à tous les petits Français, histoire de la grammaire scolaire*, Paris, Payot, 1977.

CHIANTARETTO Jean-François, *De l'acte autobiographique, le psychanalyste et l'écriture autobiographique*, Seyssel, Champ Vallon, 1995.

CLANCHÉ Pierre, *Le texte libre, écriture des enfants*, Paris, Maspéro, 1976, 226 p.

COUÏC Gwenaël, "Le journal commandé", *Pratiques de formation* n° 32, sur "Socianalyse et ethnosociologie", 1996.

DEVEREUX Georges, *De l'angoisse à la méthode*, Paris, Aubier, 1994.

DIDIER Béatrice, *Le journal intime*, Paris, PUF, 1991, 205 pages. Ouvrage évoquant peut-être un peu rapidement une quantité considérable de journaux. Passionnant pour ses analyses et mises en perspectives.

FONVIEILLE Raymond, "Du journal de bord à l'autobiographie : outils de l'analyse institutionnelle", *Pratiques de formation* n° 32, sur "Socianalyse et ethnosociologie", 1996.

FRAGNIÈRE Jean-Pierre, *Comment faire un mémoire ?*, Réalités sociales, Lausanne, 1985, 172 pages.

FURET François et OZOUF Jacques, *Lire et écrire, l'alphabétisation des Français de Calvin à Jules Ferry*, Paris, Éditions de Minuit, 1977.

GIRARD Alain, *Le journal intime*, PUF, 1986, 2e éd. de *Le journal intime et la notion de personne*, Paris, Puf, 1963. Livre exceptionnel.

GUSDORF Georges, *La découverte de soi*, Paris, Puf, 1948.

HESS Paul, *La vie à Reims pendant la guerre de 1914-1918, notes et impressions d'un bombardé*, Paris, Anthropos, 1998, 680 pages.

HESS Remi, "De l'analyse des implications du sujet à la production d'un objet", in *Nous, Je*, Actes Sud/Pierre-Baptiste, Cahier 3, Arles, 1984.

— *Le lycée au jour le jour, ethnographie d'un établissement d'éducation*, Paris, Méridiens Klincksieck, 1989, coll. "Analyse institutionnelle". Ce livre contient une bibliographie sur le "journal institutionnel" et développe bien les idées et pratiques de M. Zabalza sur l'utilisation du journal en formation d'enseignants.

— *Chemin faisant, roman institutionnel d'une ethnosociologue de l'éducation*, Ivan Davy, coll. Itinéraires, 1996.

— *Le moment tango*, Paris, Anthropos, 1997, coll. "Anthropologie de la danse", 315 pages.

— *Les tangomaniaques*, Paris, Anthropos, 1998, coll. "Anthropologie de la danse", 290 pages.

— *Pédagogues sans frontière, écrire l'interité*, Paris, Anthropos, 1998, coll. "Exploration interculturelle et science sociale", 300 pages.

JEAN Georges, *Langage de signes, l'écriture et son double*, Paris, Gallimard, "découvertes", n° 67, sans date.

JEANNOT Josiane, *Face à... l'écriture*, Paris, ESF, 1973.

JULLIEN Marc-Antoine (Chevalier), *Essai sur une méthode qui a pour objet de bien régler l'emploi du tems, premier moyen d'être heureux ; A l'usage des jeunes gens de l'age de 16 à 25 ans; extrait d'un travail général, plus étendu, sur l'Éducation*, l'ouvrage est signé M.-A. J. (206 pages, à Paris, chez Firmin-Didot, 1808). Il aura une seconde édition augmentée (348 pages) en 1810, destiné aux 15-25 ans.

— *Biomètre ou Mémorial horaire, instrument pour mesurer la vie, A Milan, de l'imprimerie royale*, 1813.

— *Agenda général ou Mémorial portatif pour l'année 18..., livret pratique d'emploi du temps, composé de tablettes utiles et commodes, d'un usage journalier*, 3e éd., Paris, Genève, 1815.

LEIRIS Michel, *L'Afrique fantôme*, Paris, Gallimard, 1981.

LELEU Michèle, *Les journaux intimes*, Puf, 1952.

LEJEUNE Philippe, *"Cher cahier...", témoignages sur le journal personnel*, recueillis et présentés par, Gallimard, coll. "Témoins", 1990, 259 p.

— *La pratique du journal personnel, enquête*, Cahiers de sémiotique textuelle, n° 17, Paris X-Nanterre, 1990. Ce livre contient une bibliographie précieuse sur les pratiques du journal personnel.

LOURAU René, *Le journal de recherche, matériaux pour une théorie de l'implication*, Paris, Méridiens Klincksieck, 1988, coll. "Analyse institutionnelle".

— *Implication/transduction*, Paris, Anthropos, 1997.

LORAUX Patrice, "Je ne publierai pas d'anecdote, ou les vies parodiées", pp. 5-36, Écritures de l'autobiographie, *L'écrit du temps* n° 3, Éditions de Minuit, 1983.

MAUSS Marcel, *Manuel d'ethnographie*, 1947, Paris, Payot, 1967.

MORIN Edgar, *Journal d'un livre*, Paris, Interéditions, 1981.

MOYNE Albert, *Le carnet d'adresses*, Paris, L'Harmattan, 1989.

NICOLAS-LE STRAT Pascal, *L'implication, une nouvelle base de l'intervention sociale*, Paris, L'Harmattan, 1996.

ROBERT Marthe, *La Tyrannie de l'imprimé*, Grasset, 1984.

PANCERA Carlo, *Una vita tra politica e pedagogia, Marc-Antoine Jullien de Paris (1775-1848)*, Schena, Fasano, 1994, 348 pages.

PAIN Jacques, *De la pédagogie institutionnelle à la formation des maîtres*, Vigneux, Matrice, 1994.

PINEAU Gaston et Marie-Michèle, *Produire sa vie : autoformation et autobiographie*, Ed. Saint-Martin, Montréal, 1983.

POIRIER Jean, CLAPIER-VALLADON Simone et RAYBAUT Paul, *Les récits de vie, théorie et pratique*, Paris, Puf, 1983.

THÉBAUDIN Françoise et OURY Fernand, *Pédagogie institutionnelle, mise en place et pratique des institutions dans la classe*, Vigneux, Matrice, 1995.

VICTOR Frank, *L'écriture, projection de la personnalité*, Payot, 1976.

TABLE DES MATIÈRES

EXPLORATION INTERCULTURELLE ET SCIENCE SOCIALE

Collection dirigée par Lucette Colin et Remi Hess

Les sociétés d'aujourd'hui sont devenues multiculturelles. L'appartenance ethnique ou nationale, l'âge et le genre, l'éducation, les inscriptions groupales, associatives, institutionnelles, les compétences humaines et professionnelles font de chacun d'entre nous un être inscrit dans une culture spécifique. Comment rencontrer l'autre ? Comment explorer la différence interculturelle, qu'elle se manifeste dans le rapport homme-femme, le rapport catégoriel sur le terrain du travail, le rapport interethnique, le rapport international, etc. ? Cette collection, inscrite dans la science sociale, publiera des ouvrages qui aident à penser le monde moderne dans ses différentes facettes interculturelles.

Abdallah-Pretceille Martine, *Vers une pédagogie interculturelle.*

Avanzini Guy, *L'éducation des adultes.*

Barbier René, *L'approche transversale – L'écoute sensible en sciences humaines.*

Colin Lucette, Müller Burkhard (sous la direction de), *La pédagogie des rencontres interculturelles.*

Decoret Bruno, *Pères séparés, pères tout de même.*

Demolins Edmond, *À quoi tient la supériorité des Anglo-Saxons ?*

Demorgon Jacques, *Complexité des cultures et de l'interculturel.*

Demorgon Jacques, *L'histoire interculturelle des sociétés.*

Dibie Pascal et Wulf Christoph, *Ethnosociologie des échanges interculturels.*

Eriksen Terzian Anna, *Vidéo et pédagogie interculturelle.*

Fonvieille Raymond, *Naissance de la pédagogie autogestionnaire.*

Galichet François, *L'éducation à la citoyenneté.*

Giust-Desprairies Florence et Müller Burkhard, *Se former dans un contexte de rencontres interculturelles.*

Hess Benoît, *L'entreprise face à l'illettrisme – Les enjeux de la formation.*

HESS Paul, *La vie à Reims pendant la guerre de 1914-1918 – Notes et impressions d'un bombardé.*

HESS Remi, *Pédagogues sans frontière.*

HESS Remi, *La pratique du journal, l'enquête au quotidien.*

HESS Remi, WULF Christoph (sous la direction de), *Parcours, passages et paradoxes interculturels.*

INGOLD Rodolphe et TOUSSIRT Mohamed, *Le cannabis en France.*

KOHN Ruth, *Les enjeux de l'observation.*

LAPASSADE Georges, *L'entrée dans la vie – Essai sur l'inachèvement de l'homme.*

LOURAU René, *Interventions socianalytiques – Les analyseurs de l'Église.*

LOURAU René, *Implication, transduction.*

MONTANDON Alain (sous la direction de), *L'Europe des politesses et le caractère des nations.*

PHILIPPE Claudine, VARRO Gabrielle, NEYRAND Gérard (sous la direction de), *Liberté, égalité, mixité... conjugales.*

PIAGET JEAN, *L'éducation morale à l'école.*

PORCHER Louis, ABDALLAH-PRETCEILLE Martine, *Diagonales de la communication interculturelle.*

ROUMESTAN Nicolas, *Les supporters de football.*

TAPERNOUX Patrick, *Les enseignants face aux racismes.*

XYPAS Constantin (sous la direction de), *Éducation et valeurs – Approches plurielles.*

Impression : EUROPE MEDIA DUPLICATION S.A.
F 53110 Lassay-les-Châteaux
N° 6023 - Dépôt légal : Novembre 1998